STEUERN STEUERN

Warum bezahlen reiche Menschen und große Unternehmen so wenig Steuern und Abgaben? Und weshalb kassiert der Fiskus gerade bei mittleren Einkommen so kräftig? Die Antwort: Die „Großen" steuern ihre Steuern selbst und die „Kleinen" werden gar nicht erst gefragt. Was hier unfair klingt, können viele Steuerzahler zum eigenen Vorteil ausnutzen. Insbesondere der steuerlich hoch belasteten Mittelschicht bietet Johann C. Köber in diesem Buch die 15-Prozent-Strategie – die üblichen knapp 45 Prozent Steuerlast lassen sich damit auf etwa 30 Prozent senken. Diese Strategie funktioniert ganz ohne Trickserеien und ohne Auslandsvehikel, nötig ist dazu lediglich die Bereitschaft, die finanziellen Angelegenheiten selbst zu steuern. Und weil sich die gesparten 15 Prozent über die Jahre hinweg zu einem richtigen Vermögen summieren, zeigt dieses Buch zudem Wege auf, Geld sicher und weitgehend steuerlich unbelastet anzulegen. Gut möglich, dass Sie nach der Lektüre in das Credo von Johann C. Köber einstimmen: Ich liebe Steuern!

Steuern steuern

Mit der richtigen Steuerstrategie
zu Vermögen und Wohlstand

Johann C. Köber

Köber Strategie Steuerberatungsgesellschaft mbH

Johann C. Köber interessiert es schon seit seiner Kindheit, weshalb der eine Millionär ist und der andere ständig pleite. Weil der Franke die gewonnenen Erkenntnisse vertiefen wollte, folgte ein Studium der Wirtschafts- und Sozialwissenschaften an der Universität Erlangen-Nürnberg. In seinem Steuerbüro konzentriert er sich nun vor allem auf strategische Fragen: Wie lässt sich die persönliche Steuer- und Abgabenlast optimal gestalten und wie wird aus dem gesparten Geld am sichersten ein Vermögen? Dabei begreift sich Köber als Helfer zum Erfolgreichsein – selbstverständlich nicht, ohne seine Ideen vorher selbst ausprobiert zu haben.

Wichtig ist es Johann C. Köber zudem, sein Wissen weiterzugeben. Deshalb führt er sehr erfolgreich Lehrgänge und Workshops zu Steuer- und Finanzthemen durch. Köber ist 57 Jahre alt, hat drei Kinder und lebt in der Nähe von Nürnberg.

MIX
Papier aus verantwortungsvollen Quellen
FSC® C018828
FSC
www.fsc.org

ISBN 978-3-944522-01-2

1. Auflage

Verlag und Vertrieb: editono Verlag, Nürnberg | www.editono.de
Gestaltung und Satz: SÜDAUSWAHL Dialog & Idee, Nürnberg | www.suedauswahl.de
Druck und Verarbeitung: f&w Mediencenter, Kienberg
Printed in Germany

editono

INHALTSVERZEICHNIS

Das Vorwort

Fast jeder hierzulande versucht, für das Alter oder die Familie vorzusorgen. Angesichts karger Rentenaussichten spielt das eigene Vermögen dabei eine bedeutende Rolle. Deshalb gilt es mehr denn je, mit Hilfe von Wertpapieren, Immobilien, Beteiligungen oder anderen Anlageformen zusätzliche Einnahmen zu generieren. Doch machen insbesondere die hohen Ausgaben einen Strich durch die entsprechende Rechnung vieler Menschen. Neben Miete, Kreditraten oder Konsumausgaben schlagen vor allem Steuern und Abgaben zu Buche. Was Vater Staat von uns fordert, bildet in den meisten Haushalten sogar den größten Ausgabenposten. Wer ein Vermögen aufbauen will, muss dieser Logik entfliehen, und genau darauf zielen die Strategien in meinem Buch ab. Sie gestatten es selbst Durchschnittsverdienern, durch eine Verminderung der Steuer- und Abgabenlast Geld beiseite zu legen.

Die Umsetzung der Strategie erfordert zuallererst ein Umdenken. Dieses beginnt damit, selbst Verantwortung zu übernehmen und nicht mehr den Staat über das eigene Geld entscheiden zu lassen. Denn Chancen auf den Vermögensaufbau bieten sich insbesondere demjenigen, der das Steuerrecht aktiv für seine Zwecke nutzt, der also die Steuern steuert. Dabei werden Sie, verehrte Leser, an vielen Stellen über ein ungewöhnliches Bekenntnis stolpern: Ich liebe Steuern. Der Grund dafür ist ganz einfach. Unser Steuerrecht ist komplex und beruht auf zahlreichen Regeln – es macht Spaß, das Steuerspiel zu spielen und dadurch Gewinnchancen zu realisieren. Wie bei jedem guten

Spiel gewinnt vor allem derjenige, der die Regeln beherrscht. Deshalb zeige ich im ersten Abschnitt dieses Buchs, wie sich die wahre Höhe von Steuern und Abgaben überhaupt errechnet und welches Prinzip hinter den vielen Steuerparagraphen steckt.

Im zweiten Abschnitt erläutere ich dann die Regeln, die uns zu einer geringeren Besteuerung verhelfen können. Als zentrales Element auf dem Weg zu einem eigenen Vermögen möchte ich Ihnen dazu meine **Drei-Säulen-Strategie** vorstellen. Diese besteht, kurz gesagt, darin, seine Ausgaben steuerlich optimal zu gestalten. Ich werde Ihnen zeigen, wie Sie die Regeln anwenden müssen. Und wo die gesparten Steuern Gewinne ermöglichen, lassen sich diese Gelder anlegen und so zum Vermögensaufbau nutzen. Dabei werden Sie sehen, dass meine Vorschläge weder besonders komplex sind, noch dass sie der finanziellen Möglichkeiten reicher Menschen bedürfen.

In dritten Abschnitt beschreibe ich dann, wie sich die erschaffenen Vermögenswerte wirksam schützen lassen – sei es vor der Pleite des eigenen Geschäfts oder vor anderen, unvorhergesehenen Zwischenfällen. Dazu blickt das Buch sogar über den eigenen Tod hinaus. Schließlich soll in diesem Fall eher die eigene Familie von den bis dahin angesparten Vermögenswerten profitieren als Vater Staat.

Immer wieder werden die beschriebenen Abschnitte zeigen, welch enger Zusammenhang zwischen Werten, Einnahmen, Ausgaben und Schulden besteht. Ich beschreibe diese Abhängigkeiten mit dem Bild des **Geldpropellers** und möchte Ihnen mit diesem Buch die Grundlagen dafür vermitteln, wie sich Ihr persönlicher Geldpropeller zum Aufbau eines eigenen Vermögens mit Hilfe der richtigen Steuerstrategie schneller drehen lässt.

ABSCHNITT 1:

Warum Sie noch nicht reich sind?

Steuern und Abgaben rauben Ihren Reichtum!

Das Steuerspiel

Wer das deutsche Einkommensteuergesetz (EStG) liest, muss sich durch 99 Paragraphen mit jeweils zahllosen Unterpunkten durcharbeiten. Allein Paragraph 7 etwa reicht bis von 7a bis 7k und verfügt über zehn mehr oder weniger ausführliche Absätze. Wie alle Gesetze ist auch das EStG in einer Sprache geschrieben, die oft nur Fachleute verstehen. Für die meisten Menschen stellen derartige Texte deshalb das Gegenteil einer spannenden Lektüre dar; sie sind froh, wenn die jährliche Steuererklärung abgegeben ist und vielleicht sogar ein Steuerberater den Großteil der Arbeit übernimmt. Fast jeder beklagt sich zwar über die hohen Abzüge, begreift sie jedoch ein Stück weit als Schmerzensgeld dafür, sich selbst nicht zu viel mit Steuern und Abgaben beschäftigen zu müssen. Wer sich auf den Staat verlässt und die Festsetzung von Lohnsteuer und Abgaben akzeptiert und vielleicht nicht einmal eine Steuererklärung abgibt, der muss dafür den entsprechenden Preis in Form hoher Abzüge zahlen. Das kann man tun, muss es aber nicht. Ich zum Beispiel finde diese Situation in höchstem Maße unbefriedigend. Ich behalte mein Geld lieber und entscheide selbst, wie ich mit meinem Eigentum umgehe. Der Staat bekommt nur das wirklich Nötige.

Doch was heißt „das Nötige"? Es bedeutet sicher nicht, auf alle Gestaltungsmöglichkeiten zu verzichten. Wie wäre es stattdessen, die vielen Paragraphen der unterschiedlichen Steuergesetze tatsächlich als Spielregeln zu begreifen, anstatt vor dem vermeintlich Unvermeidbaren die Augen zu verschließen? Was kommt wohl dabei hinaus, wenn wir uns die Logik hinter diesen Regeln genauer anschauen und versuchen, nicht jedes Jahr wieder zu verlieren – gegen den Fiskus, der uns ohne zu fragen die Hälfte unseres Einkommens abzieht? Genau diese Überlegung stand am Beginn meines beruflichen Lebenswegs, auch deshalb bin ich Steuerberater geworden. Daraus ist der Ehrgeiz erwachsen, die Regeln des Steuerspiels für mich selbst und meine Mandanten zu nutzen. Ganz besonders hat es mich immer geärgert, dass der Staat mich nicht fragt, er nimmt einfach. Deshalb war mein Ziel, die Kontrolle zurückzugewinnen.

Sie glauben, das geht nicht? Wer die einschlägigen Gesetze durchblättert, merkt sehr schnell, dass es mehr Ausnahmen gibt als Regeln und dass der Fiskus denselben Tatbestand vollkommen unterschiedlich beurteilt – je nach Situation. Viele Menschen beklagen sich über diese Situation und finden es ungerecht, dass etwa große Firmen fast gar keine Steuern zahlen. Für mich ist diese Erkenntnis jedoch eher positiv; offensichtlich sind viele Steuern eben doch nicht so unvermeidlich. Aus gutem Grund verfügen viele große Unternehmen über umfangreiche Steuerabteilungen, die darauf achten, dass nicht zu viel Geld an den Staat fließt. Davon können „kleine" Handwerker, Selbständige, Vermieter, Geldanleger oder Angestellte zwar nur träumen, die Steuergesetze gelten jedoch für alle gleich, für Groß und Klein. Mein Bestreben ist es deshalb, einige der erfolgreichen Strategien auch kleineren und mittleren Steuerzahlern zugänglich zu machen. Dabei sind einige der Grundstrategien gar nicht übermäßig komplex und sie lassen sich sinnvoll auch im kleineren Rahmen umsetzen. Aus diesem Grundgedanken entstanden die Strategien, die ich Ihnen auf den folgenden Seiten vorstellen möchte.

Zunächst einmal kommt es jedoch darauf an, das Heft des Handelns selbst in die Hand zu nehmen. Eigenverantwortlichkeit ist gefragt als Grundvoraussetzung dafür, das Steuerrecht im eigenen Sinne nutzen zu können. Jeder muss deshalb die Richtung kennen, die er einschlagen möchte. Das Steuerspiel funktioniert nur, wenn man sich Ziele setzt. Es geht nicht darum, diese in jedem Fall hundertprozentig zu erreichen; jeder wird seine Pläne früher oder später anpassen. Doch erwächst die persönliche Strategie aus genau diesen Zielen.

Unser komplexes Steuerrecht zeigt nämlich sehr klar, dass wir die Steuern nur dann optimal gestalten können, wenn wir individuell vorgehen. Zudem sorgen Ziele für die nötige Motivation. Denn eines sollte jeder bedenken: Eigenverantwortlichkeit bedeutet Arbeit. Wie bei jedem guten Spiel muss man auch beim Steuerspiel wach bleiben und seine Züge immer wieder aufs Neue überdenken.

Doch bevor es in die Vollen geht, möchte ich noch ein Wort aus Anlass der häufigen Zeitungsberichte über Steuerflucht und ähnliches verlieren: Dieses Buch legt großen Wert darauf, dass die vorgestellte Strategie hundertprozentig legal und nicht darauf aus ist, den Fiskus zu prellen. Ich erläutere lediglich, warum die deutsche Steuergesetzgebung so ist, wie sie ist, und wie sich auf ihrer Grundlage ein eigenes Vermögen aufbauen lässt. Die Steuergesetze lassen uns allen genug Gestaltungsspielraum. Es liegt an uns, diesen zu nutzen.

Die Steuergesetze sind kaum lesbar, so kompliziert hat Vater Staat sie aufgebaut. Diese Komplexität beinhaltet jedoch zahlreiche Regeln und Ausnahmen, die sich für den Steuerzahler vorteilhaft nutzen lassen. Nötig ist es deshalb, selbst die Initiative zu ergreifen und die Steuern zu steuern.

Die Standortbestimmung

Spätestens nach dem ersten Drittel des eigenen Berufslebens steht oft eine schmerzhafte Erkenntnis: Das Einkommen verwandelt sich kaum in Vermögen. Und das betrifft nicht nur Arbeitnehmer, auch zahlreichen Freiberuflern und Unternehmern geht es selten anders. Immerhin besitzen viele eine eigene Immobilie, doch diese gehört oftmals zum Großteil der Bank und das Eigentum äußert sich vor allem in hohen Kreditraten. Wer dann noch Kinder hat, ein oder gar zwei Autos benötigt und sich Kleinigkeiten gönnt, läuft in der Regel auf Gleichstand hinaus – auf dem Konto sammeln sich pro Jahr nur wenige Hundert oder Tausend Euro an, Einkommen ist mehr oder weniger gleich Verbrauch. Wer zudem die Berichte über den demografischen Wandel liest und Warnungen vor unvermeidlichen Rentenkürzungen hört, kommt angesichts seiner zukünftigen Finanzlage häufig ins Grübeln.

Ob man die Schwarzmalerei in punkto Renten glaubt oder nicht, eine zusätzliche Sicherheit in Form eigener Ersparnisse streben dennoch die meisten Menschen an. Rechenspiele zu einem möglichen Vermögen unternimmt daher fast jeder und die Wege zur finanziellen Unabhängigkeit sind vermutlich ein ständiges Thema in jedem zweiten Familienrat. Doch woher nehmen, wenn nicht stehlen? Zumal die Rechnung vieler Haushalte eindeutig zeigt, dass keineswegs ein luxuriöser Lebensstil den Überschuss am Jahresende verhindert. In fast allen Fällen schlägt hauptsächlich der „Kleinkram“

zu Buche. Miete oder Kreditraten, Versicherungen, Auto, Lebensmittel oder irgendwelche Gebühren dezimieren das monatliche Einkommen bis zur Unkenntlichkeit. Die bittere Erkenntnis: Alle Ausgaben sind mehr oder weniger Fixkosten, die sich kaum reduzieren lassen.

Dieses Buch macht daher überhaupt nicht den Versuch, Ihre persönlichen Ausgaben zu optimieren. Sie sollen schließlich keine Ausgaben-Diät machen und Sie wissen selbst am besten, was Sie benötigen. Im Gegenteil, unsere gesamte Wirtschaftsordnung beruht darauf, dass wir konsumieren, und wer nicht konsumiert, verhungert schlicht und einfach. Im Hinblick auf die Gestaltung der persönlichen Finanzen interessiert es uns überhaupt nicht, wie viel ein Individuum „braucht" oder welche Konsumgüter jeweils „angemessen" sind. Dieses Buch setzt bei Steuern und Abgaben an – und diese lassen sich definitiv optimieren.

„Sie sollen keine Ausgaben-Diät machen."

Ganz besonders wirkungsvoll lassen sich die Ausgaben mit diesem Ansatz optimieren, weil Steuern und Abgaben in der Regel den größten Ausgabenposten in der persönlichen Finanzrechnung darstellen. Deshalb sind Einsparungen in diesem Bereich besonders wirkungsvoll. Doch wollen wir einen Schritt nach dem anderen gehen. Bevor wir die Strategie zu weniger Steuern und Abgaben kennenlernen, sollen zunächst die Grundlagen der persönlichen Finanzen im Mittelpunkt stehen. Auch wenn es trivial klingt, den Weg zu mehr Vermögen und weniger Steuern beschreitet nur derjenige erfolgreich, der seinen monetären Status Quo in allen Einzelheiten kennt und über einen genauen Einblick in die eigenen Finanzen verfügt. Die Erfahrung zeigt jedoch, dass viele Menschen ihre finanzielle Situation nicht ausreichend kennen und sowohl Werte und Einnahmen als auch Ausgaben falsch einschätzen. Deshalb sollte sich zunächst jeder Klarheit über die folgenden vier grundlegenden Fragen verschaffen:

- Welcher Werte besitze ich? W
- Welche Schulden habe ich? S
- Welche Einnahmen erziele ich? E
- Und welche Ausgaben tätige ich? A

W steht für Werte und diese schaffen Einnahmen

Welche Werte besitzen Sie? Ein Auto? Eine Immobilie? Aktien? Schmuck? Fast immer enthält die Liste persönlicher Werte Punkte wie die genannten. Doch leider wirken sich zumindest zwei der vier nicht als Werte, sondern als deren Gegenteil aus, als Verbindlichkeiten. Relativ einfach als Verlustbringer lässt sich das Auto identifizieren. Das Auto bringt kein Geld in die Kasse. Es kostet beim Händler zwar beispielsweise 30.000 Euro und ist demnach diesen Betrag „wert“, doch verliert es bereits bei der Fahrt vom Gelände einen Großteil seines Wertes. Wollen Sie Ihr wenige Jahre altes Gefährt verkaufen, werden Sie oft nicht einmal die Hälfte des Anschaffungspreises erhalten. Ein klarer Fall von Substanzverlust. Damit nicht genug. Schon Besitz und Benutzung des Autos verursachen tägliche, monatliche und jährliche Kosten für Treibstoff, Wartung, TÜV, Versicherung und Steuern. So entstehen keine Einnahmen, sondern Ausgaben. Daher lässt sich ein Auto in der Regel nicht zu den Werten zählen, sondern zu den Verbindlichkeiten.

Etwas schwieriger fällt die Bewertung der eigengenutzten Immobilie aus. Diese schafft im Regelfall keine Einnahmen und ist nach unserer Definition deshalb kein Wert. Doch ganz so schlimm sieht es nicht aus, denn eine Immobilie hilft in vielen Fällen zumindest dabei, Ausgaben zu vermindern. Wie Befragungen in diesem Zusammenhang aber immer wieder zeigen, überschätzen die meisten Immobilienbesitzer die Ersparnis durch ein eigenes Haus. Trotz Eigentum an einer Immobilie kostet sie regelmäßig

- **Grundsteuer**
- **laufende Aufwendungen zur Instandhaltung und kleinere Reparaturen**
- **Sanierungen, die in größeren Abständen nötig werden**

Diese Kosten fressen einen Großteil der ersparten Miete auf und können diese in manchen Fällen auch übersteigen. Rein finanziell lohnt sich die Anschaffung einer eigenen Immobilie daher sehr selten. Zudem lassen sich Werte wie das eigene Haus nicht so leicht verkaufen. Erstens sorgen die Kreditverträge für Bindung, zweitens benötigt der Hausbesitzer ein Dach über dem Kopf und wer im Eigentum gewohnt hat, will ungern in eine Mietwohnung zurück. Deshalb müssen wir die eigenen vier Wände in der Regel als Verbindlichkeit einordnen. Verstehen Sie mich bitte nicht falsch, hier soll keine Abwertung des Wohneigentums stattfinden. Dafür sprechen gute Gründe wie der hohe Wohlfühlfaktor oder die umfassenden Gestaltungsmöglichkeiten. Diese Argumente entspringen aber nicht der Investitionsseite, sondern stellen Konsumargumente dar. Deshalb ordne ich eine selbstgenutzte Immobilie nicht den Werten zu, sondern den Konsumausgaben. Das hat weitreichende Konsequenzen für die persönliche Finanzrechnung, wie wir später sehen werden.

Die Definition von Werten in diesem Buch und im Hinblick auf ihre hier beschriebene Hauptaufgabe entspringt einem anderen Gedanken. Für den Vermögensaufbau haben Werte zwei zentrale Funktionen:

1. Sie steigern ihren Wert oder behalten ihn zumindest bis zu dem Zeitpunkt, zu dem ich sie verkaufe und

2. sie verschaffen mir Einkommen.

Nach dieser Definition lassen sich ganz unterschiedliche Beispiele für Werte anführen. Dazu gehören etwa vermietete Immobilien. Hier stellt die Miete das Einkommen dar. Bei Wertpapieren sorgen Dividenden oder Zinsen für Einkommen. Bei Firmenbeteiligungen sind es die Ausschüttungen, die Einkommen generieren. Die genannten Beispiele bieten zudem die Möglichkeit der Wertsteigerung. Als über lange Sicht wertsteigernd haben sich auch Gold und Silber erwiesen, diese werfen jedoch keinen laufenden Ertrag ab.

„Vermögen bildet sich rein nach mathematischen Kriterien."

Wenn Sie Ihre persönlichen Werte identifizieren wollen, müssen Sie also danach fragen, ob bestimmte Gegenstände Ihnen etwas einbringen (können) oder ob sie bei Lichte betrachtet eher Ihr Portemonnaie belasten. Ganz wichtig ist es, diese Aufstellung gänzlich unsentimental vorzunehmen. Denn Ihr Vermögen fragt nicht nach Vorlieben oder Hoffnungen, es bildet sich rein nach mathematischen Kriterien. Diese Einschränkung soll Sie jedoch keineswegs davon abhalten, nach persönlichen Vorlieben Werte zu schaffen, also zu investieren. Denn eines brauchen Sie auf jeden Fall als Voraussetzung für den Erfolg: Sie müssen sich mit Ihren Werten und Ihrem Vermögen beschäftigen. Nur wenn Sie dies tun, erwerben Sie sich das nötige Know-how und erkennen Sie die Gelegenheiten für gewinnträchtige Wertanlagen. Auf dieses wichtige Thema werde ich im zweiten Abschnitt nochmals zurückkommen.

Zum Abschluss des Kapitels über Werte bleibt noch eine weitere Frage, nämlich die des Kontexts. Ein und derselbe Gegenstand kann für den Einen ein Wert darstellen, für den Anderen eine Verbindlichkeit und er kann sogar die Zuordnung wechseln. Kommen wir deshalb zum Auto zurück. Was üblicherweise als Verbindlichkeit anzusehen ist, schafft etwa für den Besitzer eines Taxis Einnahmen. Das Auto fungiert hier als Wertgegenstand im Taxiunternehmen. Auch eine Immobilie kann ihren Charakter schnell ändern. So wandelt sie sich in dem Moment von einem Wert zur Verbindlichkeit, in dem ich meinem Mieter kündige und selbst in die Immobilie einziehe.

S steht für Schulden und diese kosten Geld

Die Definition von Schulden fällt auf den ersten Blick leichter, als in jedem Fall einen Wert von einer Verbindlichkeit zu unterscheiden. Also versuchen wir es: Schulden stellen Geld dar, das ich mir von einem Anderen (in der Regel von einer Bank) geliehen habe. Mit diesem Leihvorgang geht das Versprechen einher, dieses Geld (meist in monatlichen Raten) zurückzuzahlen und darüber hinaus dafür Zinsen zu überweisen. Schulden sind jedoch in zwei Geschmacksrichtungen erhältlich: als gute und böse Schulden. In fast jeder persönlichen Schuldenaufstellung lassen sich beide Arten ausmachen. Dabei ist nicht das geliehene Geld gut oder böse, Geld ist neutral. Ein erheblicher Unterschied besteht jedoch darin, wozu dieses Darlehen ursprünglich diente. Dient es zur Finanzierung von Konsum, dann lässt es sich ohne Zögern als „böse“ bezeichnen. Warum aber halte ich kreditfinanzierten Konsum für „böse“? Ganz einfach, problematisch sind die erhöhten Kosten dafür. Diese fallen nämlich genau dann an, wenn der Konsum zu einem Zeitpunkt erfolgt, bevor das nötige Geld verdient ist. Wer nach diesem Prinzip konsumiert, muss eine doppelte Kostenbelastung tragen: Auf die Kappe des Verbrauchers gehen nicht nur das Geld für den Konsum, sondern zusätzlich noch die Zinsen dafür. Meist unterschätzen die Betroffenen die Auswirkungen der Zinsen sogar.

FALLBEISPIEL ANNA

Anna ist alleinstehend, Arbeitnehmerin und hat ein schlechtes Jahr. Bevor sie sich versieht, steckt sie wegen ihres neuen Smartphones und der letzten Urlaubsreise im Dispo – und zwar über ein halbes Jahr mit 4.000 Euro. Sie weiß zwar, dass ihre Bank dafür Zinsen in Höhe von satten 15 Prozent verlangt, aber andere Möglichkeiten der Geldbeschaffung kamen ihr nicht in den Sinn. Außerdem war die Überziehung ja so schön einfach und sie hat ihr Limit nicht einmal ausgereizt. Anna muss also 300 Euro an Zinsen bezahlen – für gerade einmal sechs Monate knapper Kasse.

Konsum finanziert durch böse Schulden geht richtig ins Geld und er legt ganz nebenbei den Grundstein dafür, dass eine große Zahl an Konsumenten dauerhaft von mehreren Jobs abhängig ist und keine Chance für den Vermögensaufbau bleibt. Zudem zeigen die Daten der Schuldnerberatungen eindeutig, dass viele der in Deutschland überschuldeten Haushalte mit harmlos erscheinenden Konsumschulden begonnen haben, etwa mit Annas 4.000 Euro. Aus schuldenfinanziertem Konsum wird leider zu oft Gewohnheit – suggeriert durch entsprechende Werbebotschaften der Anbieter – und viele Menschen geraten in eine Schuldenfalle, aus der es nur sehr schwer ein

Entrinnen gibt. Spätestens wenn es soweit kommt, erkennt der Betroffene, wie böse seine Schulden sind.

„Schuldenfinanzierter Konsum geht ins Geld."

Es geht sogar noch schlimmer! Manche Menschen denken, das Überziehungslimit der Bank müsse man immer ausreizen – sowohl am Automaten als auch mit der Kreditkarte. Mitunter herrscht die Meinung vor, insbesondere Kreditkartenschulden ließen sich mit „kleinen" Raten „bequem" begleichen. Doch fehlt hier das Bewusstsein, dass in den kleinen Raten überwiegend die Zinsen zu Buche schlagen. So besteht kaum jemals die Möglichkeit, von diesen Schulden herunterzukommen. Viele Menschen bezahlen Dinge ab, die sie gar nicht mehr besitzen. Der Flachbildschirm ist längst kaputt, das Handy veraltet. Nur die Schulden sind noch da. Hier gilt es also zu identifizieren, unter welchen finanziellen Umständen Konsumentscheidungen problematische Auswirkungen nach sich ziehen.

Wie oben bereits angedeutet, gibt es auch „gute" Schulden. In diesem Fall müssen sie jedoch leider mehr als nur ein Kriterium erfüllen. Erstens sollten sie solche Werte finanzieren, die Einnahmen generieren. Ein klassisches Beispiel dafür ist der Kauf einer vermieteten Immobilie auf Kredit. Zweitens muss der Käufer sicherstellen, dass die Mieteinnahmen die Summe von Zinsen und Tilgung übersteigen. Auch die „guten" Schulden darf man nicht unbegrenzt aufnehmen. Egal um welche Investition es sich handelt, die Einnahmen müssen höher ausfallen als die Kreditraten und die Investition muss sich selbst tragen. Banken nennen das Kapitaldienstfähigkeit. Doch gilt es noch weitere Bedingungen zu beachten. Schuldenfinanzierte Werte sollten sich jederzeit wieder verkaufen lassen und selbst im ungünstigsten Fall so viel einbringen, dass die Bankschulden damit beglichen werden können. Die Höhe der Schulden darf also nie über dem langfristigen Wert der Investition liegen. Wenn wir bei unserer Immobilie bleiben, sollten wir also auf Kriterien wie Lage oder Investitionsbedarf achten. Und das gilt nicht nur für den Augenblick, denn darüber hinaus müssen gute Schulden diese Kriterien zu jedem Zeitpunkt, jetzt und in der Zukunft, erfüllen. Deshalb sollten Anleger kreditfinanzierte Werte stets im Auge behalten. Sinkt der Wert des Investitionsgegenstandes, müssen auch die Schulden in demselben Maße reduziert, also getilgt, werden. Gewinnt der Wertgegenstand nachhaltig an Wert, dann wäre es vertretbar, den Schuldenstand zu erhöhen.

Regeln für Schulden:

1. Schulden dienen dem Kauf von Werten, die Einnahmen generieren.

2. Schulden bringen höhere Einnahmen als dic Raten kosten, die dafür an die Bank fließen (Zins und Tilgung).

3. Die Höhe der Schulden liegt unter dem möglichen Verkaufspreis des angeschafften Vermögenswerts, selbst im ungünstigsten Fall.

Diese Kriterien lassen sich allerdings durchaus flexibel auslegen, sofern der Trend stimmt. Beispiel Aktien: Anteile eines über Jahre hinweg ertragreichen Unternehmens, bei dem auch die Zukunftsaussichten stimmen, werden in vielen Fällen einmal unter den Kaufpreis fallen. Angesichts langfristiger Potenziale und anderer Renditeaussichten – etwa aus Dividenden – umfasst eine Ertragsrechnung bei Aktien immer mehr als kurzfristige Kursschwankungen, und vorschnelle Verkäufe konterkarieren oft eine nachhaltig angelegte Vermögensstrategie.

E steht für Einnahmen und diese gilt es zu erhöhen

Nun kommen wir zum nächsten Punkt unserer kleinen Finanzrechnung und betrachten die Einnahmen. Diese lassen sich ganz einfach als solche Zahlungen definieren, die ohne Minderung der Substanz des Vermögens auf dem Konto eingehen. Dabei sind sehr viele unterschiedliche Arten von

Einnahmen vorstellbar. So gelten zum Beispiel Zinsen als Einnahmen. Eine Bank bezahlt einen jährlichen Prozentsatz auf angelegtes Kapital, ohne dass dieses weniger wird. Allerdings gilt dieser Grundsatz mitunter nur der Zahl nach; in einem späteren Kapitel werden wir die Rolle der Inflation bei der Geldanlage betrachten. Auch Dividenden gehören zu den Einnahmen, schließlich verschwindet die jeweilige Aktie am Zahltag nicht einfach aus unserem Depot. Ebenso zu den Einnahmen zählen Mieten. Hier ist allerdings eine Unterscheidung erforderlich. Zusammen mit der Miete bezahlt der Mieter nicht nur ein Entgelt für die Nutzung der Wohnung, sondern er kommt auch für bestimmte Dienstleistungen rund um die Wohnung auf. Dazu gehören zum Beispiel Schornsteinfeger, Reinigung, Aufzugswartung oder Instandhaltung. Außerdem bezahlt er mit der Miete die normale Abnutzung der Wohnung. Und hier gilt es genau nachzurechnen, denn nach einigen Jahren erfordern Häuser grundlegende Sanierungen, die nicht zulasten des Mieters gehen, sondern der Vermieter vornehmen muss. Diese Kosten müssen unbedingt von der Einnahmenrechnung jeder Immobilie abgezogen werden.

Exkurs 1: Die Petersche Formel

Welche Kosten bei einer Immobilie anfallen, lässt sich mit Hilfe der sogenannten Peterschen Formel berechnen. Die Rechnung funktioniert wie folgt:

Innerhalb von 80 Jahren muss das 1,5-fache des Neupreises (Baupreis ohne Kosten für das Grundstück) einer Immobilie für Instandhaltungsrücklagen angesetzt werden. Konkret bedeutet diese Formel, dass der Besitzer pro Jahr 1/80 mal 1,5 = 1,88 % der Neubaukosten einer Immobilie für die Sanierungen ansetzen muss.

Kostet eine Eigentumswohnung mit **100 qm** also **100.000,- €**, so ergibt sich folgende Rechnung pro Quadratmeter Wohnraum:

$$\frac{\textbf{1.000,- € x 1,5}}{\textbf{80 Jahre}} = \textbf{18,75 €/Jahr}$$

Die Instandhaltungskosten pro Jahr und qm betragen demnach 18,75 €. Da es sich um eine Eigentumswohnung handelt, entfallen 65 % - 70 % der anfallenden Kosten in der Regel auf das Gemeinschaftseigentum.

Bei 70 % ergibt sich also folgender Betrag pro Quadratmeter Wohnfläche:

$$\frac{\textbf{18,75 € x 70}}{\textbf{100}} = \textbf{13,13 €/Jahr}$$

Erzielt der Vermieter eine monatliche Kaltmiete von 7 € pro qm, müsste er demnach 13,13/12 = 1,09 € pro Quadratmeter und pro Monat von seinen Einnahmen abziehen und damit Rücklagen bilden. Einnahmen aus Vermietungen berechnen sich also abzüglich des genannten Betrags.

Wer alle nötigen Ausgaben von den Einnahmen abzieht, kommt zum sogenannten Cashflow. Dieser Begriff bezeichnet den Nettoüberschuss aus den Einnahmen und ist besonders im geschäftlichen Bereich verbreitet. Im Fall eines Unternehmens gibt der Cashflow etwa darüber Aufschluss, ob Investitionen aus eigener Kraft erfolgen können und damit die Wettbewerbsfähigkeit gesichert ist oder ob Mittel für Schuldentilgung oder zur Ausschüttung an die Gesellschafter vorhanden sind. Übersteigen die Ausgaben die Einnahmen, ist von negativem Cashflow die Rede. In diesem Fall besteht Insolvenzgefahr.

„Auf den Cashflow kommt es an."

Zu den Einnahmen in unserem Fall zählen selbstverständlich auch Lohn, Gehalt und Rente. Wie sich diese Einnahmen genau definieren lassen und wie sie sich bei der Vermögensbildung auswirken, werden wir in Abschnitt zwei dieses Buches sehen. Im Hinblick auf die hier stattfindende Betrachtung unterschiedlicher Arten von Einnahmen können wir eine entscheidende Differenzierung vornehmen: Einnahmen wie Miete, Zinsen und Dividenden entstehen ohne eigene Arbeitsleistung. Sie stellen lediglich die Rendite eines Werts dar, wie er oben beschrieben ist. Dagegen bedeuten Lohn, Gehalt und Rente eine Art von Einnahmen, die ausschließlich aufgrund einer – manchmal in der Vergangenheit liegenden – Tätigkeit entstehen. Es ist also eine aktive Arbeit erforderlich, damit diese Einnahmen fließen. Diese Unterscheidung gehört zu den zentralen Merkmalen in der Struktur des Wirtschafts- und Steuersystems der meisten Länder – inklusive Deutschland. Denn fast alle Staaten belasten Einnahmen aus eigener Arbeit weitaus stärker mit Steuern und Abgaben, als Einnahmen, die ohne eigene Arbeitsleistung entstehen. Wir werden im weiteren Verlauf dieses Buches sehen, warum dies so ist und welche Schlussfolgerungen wir im Hinblick auf unser Ziel der Vermögensbildung daraus ziehen können.

A steht für Ausgaben und diese lassen sich optimieren

Der letzte Abschnitt unserer Finanzrechnung beschäftigt sich mit dem Thema Ausgaben. Auch diese lassen sich recht einfach definieren als alle Zahlungen, die den eigenen Geldbeutel oder das eigene Bankkonto verlassen. Ausgaben entstehen etwa bei der Inanspruchnahme von Dienstleistungen, beim Bestreiten des Lebensunterhalts, bei der Fahrt in den Urlaub aber auch für die Anschaffung von Gütern. Im Fall aller genannten Ausgaben ist das Geld hinterher weg, auch wenn ein meist zeitlich begrenzter Gegenwert dafür entsteht. Doch wie wir Schulden differenzieren, dürfen wir auch verschiedene Arten von Ausgaben unterschiedlich betrachten. Denn Geld lässt sich gezielt für die Anschaffung von Werten ausgeben. Und in diesen Fällen handelt es sich nicht um echte Ausgaben, sondern strenggenommen um eine Umschichtung von Vermögen. Vorher lag es etwa in Form von Geld auf der Bank, nachher als Goldbarren im Safe. Derartige Umschichtungen beeinflussen nicht den Vermögensstand insgesamt, sie können aber zur Schaffung von Werten oder zur Generierung von Einnahmen dienen.

„Man muss Ausgaben nicht unbedingt minimieren."

Auch gilt es nicht, Ausgaben zwangsläufig zu minimieren, um am Ende mehr Geld übrig zu haben. Im Gegenteil, auch wohlhabende Leute geben 100 Prozent ihres verdienten Geldes aus. Aber sie geben einen größeren Teil davon für Anschaffungen aus, die ihnen wieder Geld bringen, sie kaufen Werte. Genau an diesem Punkt zeigt sich häufig der größte Unterschied zwischen Armen und Reichen. Die beiden Gruppen geben ihr Geld auf verschiedene Weise aus: Arme konsumieren hauptsächlich, Reiche investieren. Arme Menschen beschäftigen sich einen Großteil ihrer Zeit mit Arbeit und in der verbleibenden Zeit denken sie häufig an ihren Konsum. Welches Auto kaufe ich? Welches Handy? Welchen Handyvertrag? Wo kann ich ein Schnäppchen machen? Reiche Menschen beschäftigen sich häufiger mit Themen wie:

- **Welche Investitionen tätige ich als Nächstes?**
- **Wie lerne ich, bessere Börsenstrategien zu entwickeln**
- **Welche Strategien helfen mir, weniger Steuern zu bezahlen?**

Wir sprechen hier also von einem grundlegenden Mentalitätsunterschied. Und das Positive im Sinne der Vermögensbildung: Arm zu sein, hat mitunter sehr wenig mit einem geringen Einkommen zu tun. Im Gegenteil, viele „Arme" verdienen durchschnittlich. In ihrem Fall spielt jedoch einerseits der Konsum eine zu große Rolle, andererseits raubt ihnen die Steuer- und Abgabenlast die nötigen Spielräume, um Vermögen zu bilden. Wer „reich" werden will, muss schlicht Werte schaffen und einen größeren Teil seiner Einnahmen investieren, um die Einnahmenseite immer mehr anzutreiben. Sie sind arm, möchten aber bald zu den Reichen gehören? Dann handeln Sie wie die Reichen. Fangen Sie an und halten Sie durch, dann ist der Erfolg unausweichlich.

Der Geldpropeller

Wer die vier grundlegenden Fragen nach Werten (W), Einnahmen (E), Schulden (S) und Ausgaben (A) geklärt hat, kann die Zusammenhänge und Wechselwirkungen dazwischen für seine Zwecke nutzen. Lassen Sie uns also einen Blick darauf werfen, wie diese vier Bereiche zusammenhängen. Plastisch gelingt dies mit dem Geldpropeller.

Werte verschaffen Einnahmen. Diese Einnahmen fließen zu einem Teil in den Konsum, sind danach also „weg". Der wichtigere Teil aber dient dazu, um neue Werte anzuschaffen. Diese sorgen im Anschluss für weitere Einnahmen und produzieren damit eine Art eigenen Zinseszinseffekt. Wer dieses System richtig einsetzt, treibt mit Hilfe der Werte seine Einnahmen an und erhöht damit wiederum die Werte. Auch die Schulden spielen bei intelligenten Investitionen eine große Rolle. Sie ermöglichen die Anschaffung größerer Werte, weil nicht nur eigene Mittel für Investitionen zur Verfügung stehen, sondern auch das Geld anderer Leute. Wer dabei die genannten Regeln für „gute" Schulden beachtet, lässt den Propeller mit Hilfe geliehenen Geldes schneller drehen. Es klingt manchmal widersinnig, ist aber so: Mit Hilfe von Schulden ist ein schnellerer Vermögensaufbau möglich als ohne.

Nun kommen wir zur zentralen Frage dieses Buches: Wie lassen sich die Einnahmen so gestalten, dass sie Werte schaffen und damit den Vermögensaufbau ermöglichen? Offensichtlich tut sich die überwiegende Zahl der Menschen sehr schwer mit einer Antwort auf diese Frage, denn die meisten Menschen sind fast vollständig von ihren Arbeitseinkünften abhängig und im Alter dann von Renten oder Pensionen. Über ein nennenswertes Vermögen, das nach meiner Definition aus Werten besteht und damit Einnahmen generiert, verfügt kaum einer. Erstaunlicherweise gilt das für fast alle von uns – unabhängig vom Verdienst. Es trifft Kleinverdiener ebenso wie die sogenannten „Besserverdiener", Lebensstandard und Konsumausgaben steigen einfach bei steigendem Verdienst mit. Nach meiner Erfahrung haben es viele Kleinverdiener sogar leichter, finanziell unabhängig zu werden. Auch geht es in ihrem Fall oft schneller, weil die Fixkosten noch gering sind. Zusammenfassend lässt sich jedoch feststellen, dass es die meisten von uns nur unzureichend schaffen, den Geldpropeller in Gang zu setzen. Im nächsten Kapitel versuche ich daher zu ergründen, wo das Geld hinfließt, das wir verdienen.

Die eigene, finanzielle Situation kann nur derjenige nachhaltig verbessern, der sich einen genauen Überblick über Einnahmen, Ausgaben, Werte und Schulden verschafft. Dabei kommt es darauf an, die einzelnen Positionen nach reellen, mathematischen Kriterien zu definieren und dabei nicht dem eigenen Wunschdenken zu verfallen.

Wie viel Steuern und Abgaben wir wirklich bezahlen

Wer ein Vermögen aufbauen und für das Alter oder seine Kinder vorsorgen will, strebt in der Regel nach einem höheren Einkommen. Doch stehen die meisten Sparer selbst nach mehreren Gehaltserhöhungen vor der Erkenntnis, dass die zur Verfügung stehenden Geldmittel oft nicht im erwarteten Maß wachsen und die angestrebte finanzielle Sicherheit kaum zu erreichen ist. Das Plus im Bruttoeinkommen wandert – wenn schon nicht in dunkle Kanäle – so doch an den Fiskus, an Versicherungen oder in Form von Kreditraten an die Banken. Nicht vergessen wollen wir zudem den Konsum, schließlich soll sich die viele Arbeit auch in Form von ein wenig Luxus auswirken. Fast jeder Arbeitnehmer und auch viele Selbständige und Unternehmer merken daher früher oder später, dass mehr Einkommen nur in geringem Maße zu mehr Geld führt. Weil sich trotz stetiger Einkommenserhöhungen nur schwer ein Vermögen ansparen lässt, sollten wir einen Blick auf die andere Seite werfen. Lassen Sie uns also die Abzüge auf unserer Gehaltsabrechnung genauer untersuchen. Diese erklären einerseits, warum insbesondere Arbeitnehmer mit einem vergleichsweise geringen Nettoverdienst leben müssen, und sie geben andererseits Hinweise darauf, welche Möglichkeiten zum Gegensteuern bestehen. Wieso schaffen wir es nicht, ein Vermögen aufzubauen?

Der Staat entscheidet

Strategien zum Aufbau eines eigenen Vermögens hängen aus meiner Sicht mit einer entscheidenden Frage zusammen: Welches ist der größte Ausgabenposten in der persönlichen Finanzrechnung? Im Bewusstsein der meisten Menschen fällt der Blick dann auf die Raten für Eigenheim, Auto oder teure Anschaffungen. Diese gelten allgemein als Gründe dafür, weshalb das Geld „verschwindet". Doch wer genauer hinschaut, gelangt zu einer ganz anderen Erkenntnis.

Exkurs 2: Ausgaben der privaten Haushalte in Deutschland

Die deutschen Haushalte verfügten im Jahr 2010 über ein durchschnittliches Bruttoeinkommen von 3.758 Euro pro Monat. Nach Abzug von Steuern und Abgaben verblieb ein Haushaltsnettoeinkommen von durchschnittlich 2.922 Euro. In den privaten Konsum wanderten davon insgesamt 2.168 Euro.

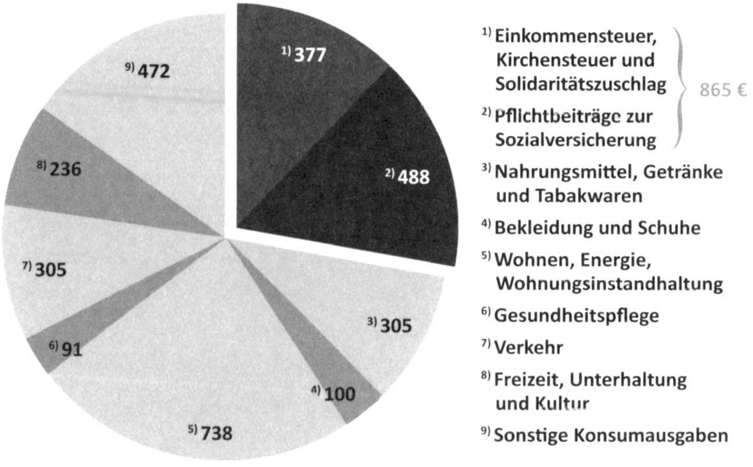

Quelle: Statistisches Bundesamt

Fast immer machen Steuern und Abgaben den Löwenanteil der persönlichen Ausgaben aus. Und kaum einer ist sich dessen bewusst, wie beispielsweise die Nachfrage im Bekanntenkreis nach der Abgabenlast beweist. Selbst finanziell gebildete Personen geben diese irgendwo zwischen 0 Prozent an, wenn kein Einkommen vorliegt, und 45 Prozent bei Spitzenverdienern. Das stimmt aber nicht, denn Steuern und Abgaben definieren sich anders, als die offizielle Rechnung des Fiskus Glauben macht. Fast alle Darstellungen vernachlässigen, dass die Menschen viel mehr verdienen, als auf ihrem Gehaltszettel steht. Ich ärgere mich jedes Mal, wenn Medien die Ausgabenstruktur der Haushalte beleuchten. Fast immer gehen diese Berechnungen von den Nettoeinkommen aus und werden Steuern und Abgaben vergessen. Doch noch viel öfter fallen die Arbeitgeberanteile zu den Sozialabgaben sowie die Beiträge zu Berufsgenossenschaften oder ähnlichem unter den Tisch. Wer diese Summen nicht mit einbezieht, betreibt Augenwischerei und fällt auf eine geschönte Darstellung des Staates herein.

„Steuern und Abgaben bilden den größten Ausgabenposten."

Wie sieht aber nun die „richtige" Berechnung unserer Steuern und Abgaben aus? Zunächst einmal müssen die Arbeitgeberanteile mit einfließen, weil wir diese mit erwirtschaften und sie daher genauso in unsere Strategie gehören wie der Arbeitnehmerbruttoanteil. Vor diesem Hintergrund definiere ich den Steuersatz anders. Schauen wir uns zur Verdeutlichung einmal Peter an, einen fest angestellten Arbeitnehmer.

FALLBEISPIEL 2: PETER

Peter verdient 3.500 Euro brutto und kommt damit auf etwa 2.154 Euro netto pro Monat. Peter rechnet also, dass seine Belastung durch Steuern und Abgaben 38 Prozent beträgt und er 62 Prozent seines Lohnes am Monatsende gutgeschrieben bekommt. Falsch, in Wahrheit ist er seinem Chef viel mehr wert. Denn bei der Frage nach der Belastung durch Steuern und Abgaben dürfen wir uns nicht fragen, wie viel Prozent der Netto- vom Bruttolohn ausmacht. Der Grund: Peters Chef bezahlt nicht nur das Bruttogehalt, sondern auch den Arbeitgeberanteil an den Sozialabgaben, die Beiträge zur Berufsgenossenschaft und noch einige andere Abgaben, die der Staat festlegt. Diese Belastungen sind noch einmal mit 25 Prozent zu veranschlagen.
Die Rechnung für den Chef sieht daher so aus:

	4.375 €	
	+ Sozialabgaben (Arbeitgeberanteil) etwa 20 % + Beiträge Berufsgenossenschaft	**875 €**
Gehalt	**3.500 €**	
	- Sozialabgaben (Arbeitnehmeranteil) etwa 20 % - Lohnsteuer 600 € - Solidaritätszuschlag 33 € (5,5 % von der Lohnsteuer) - ggf. Kirchensteuer	**1.350 €**
	2.150 €	

Obwohl Peter jeden Monat nur 2.150 Euro herausbekommt, beträgt sein eigentlicher Verdienst 4.375 Euro.[1]

Diese Art der Berechnung ist übrigens keineswegs überzogen. Denn sein Chef würde Peter nicht beschäftigen, brächte er der Firma nicht wenigstens 4.375 Euro ein – die meisten Chefs erwarten von ihren Mitarbeitern sogar mehr als das, ein Mitarbeiter muss sich für die Firma lohnen. Kalkulieren wir den Arbeitgeberanteil mit ein, kommen wir lediglich auf magere 49 Prozent des Gesamtverdienstes, die auf Peters Konto fließen. Ausschließlich über dieses Geld kann er verfügen, über die anderen 51 Prozent entscheidet nicht er, sondern der Staat. Dazu kommt: Nutzt Peter den erhaltenen Nettolohn für Konsumzwecke, dann fallen wieder Steuern an. Zuallererst ist hier die Mehrwertsteuer zu nennen. In der Regel wird Peter also zum einen besteuert, wenn er Geld verdient und zum anderen noch einmal, wenn er das verdiente Geld ausgibt.

Die Berechnung der Einkommensteuer

Lassen Sie uns Peters Verdienst aber noch genauer anschauen und werfen wir einen Blick auf die enthaltenen Steuern. Wir sollten zunächst ausrechnen, welchen Prozentsatz des Einkommens die Einkommensteuer ausmacht. Diese hängt von der Höhe des Einkommens ab und liegt bei kleinen Jahreseinkommen (bis zu rund 10.000 Euro) bei 0 Prozent und steigt dann bei Einkommen ab ca. 50.000 Euro auf 42 Prozent an. Auf dieser Höhe bleibt der Satz bis zu einem Einkommen von 250.000 Euro pro Jahr, ab da gelten 45 Prozent (die sogenannte Reichensteuer). Zur Einkommensteuer kommt der Solidaritätszuschlag mit derzeit (2013) 5,5 Prozent auf die Einkommensteuer (nicht auf das Einkommen). Gut verdienende Personen mit Einkommen zwischen 50.000 und 250.000 Euro bezahlen also 44,3 Prozent, sehr gut verdienende sogar 47,5 Prozent Einkommensteuer und Solidaritätszuschlag. Für das Existenzminimum dürfen sie zwar 20.000 Euro abziehen, müssen aber den Rest gemäß Ihres Steuersatzes versteuern. Dieses Beispiel berücksichtigt nicht die Kirchensteuer. Wer einer kirchensteuerberechtigten Glaubensgemeinschaft angehört, bezahlt weitere 8 (in Bayern und Baden-Württemberg) oder 9 (alle anderen Bundesländer) Prozent Zuschlag auf die Einkommensteuer (nicht auf das Einkommen und auch nicht auf den Solidaritätszuschlag, nur auf die Einkommensteuer). Allein die Steuern machen also bei höheren Einkommen rund 50 Prozent des Einkommens aus, dazu kommen noch die Sozialabgaben. Immerhin macht die Einkommensteuer immer nur einen Bruchteil des Einkommens aus und dies bleibt auch bei jeder Lohnerhöhung so.

Exkurs 3: Mehr Verdienst heißt mehr netto

Die Steuer frisst Einkommenssteigerungen komplett auf! Diese Klage hört man oft, sie stimmt aber nicht, zumindest nicht in Deutschland. Die konkreten Zahlen lassen sich allerdings mit einem Blick in die Einkommensteuertabelle nicht ohne weiteres erkennen. Hier finden sich keine Hinweise darauf, welchen Prozentsatz einer Gehaltserhöhung uns der Fiskus tatsächlich lässt. Wir sehen nur, welche Steuern im Fall eines bestimmten Einkommens anfallen. Eine Tabelle mit Angaben zur prozentualen Belastung von Gehaltserhöhungen ist – sicher aus gutem Grund – nirgends zu finden. Da dieses Buch für Transparenz im Steuerdschungel sorgen soll, habe ich die entsprechende Berechnung durchgeführt:

Steuertabelle ausgehend von Nettobeträgen

Zu versteuerndes Einkommen	Steuern auf 1.000 € mehr netto	Steuersatz
20.000 €	**404 €**	**40 %**
30.000 €	**507 €**	**51 %**
40.000 €	**628 €**	**63 %**
50.000 €	**767 €**	**77 %**
ab 60.000 €	**800 €**	**80 %**

Quelle: Eigene Berechnungen

Die Tabelle gilt für alleinstehende Selbständige, bei Verheirateten gelten die genannten Steuersätze für das doppelte Einkommen. Wer 60.000 Euro brutto im Jahr verdient und 1.000 Euro mehr ausgeben möchte (also 1.000 Euro **netto** mehr haben möchte) der muss 800 Euro mehr Steuern bezahlen und sein Einkommen damit um 1.800 Euro erhöhen. Soweit zu den Selbständigen. Bei Angestellten sieht es noch komplizierter und teurer aus. In ihrem Fall kommen zusätzlich noch fast 20 Prozent Sozialabgaben dazu und weitere 20 Prozent bezahlt der Arbeitgeber. So bleiben von 100 Prozent Verdienst also nur knapp 70 Prozent übrig und davon sind die Steuern zu bezahlen.

Die genaue Rechnung: Um 1.000 Euro mehr ausgeben zu können, muss der Angestellte seinen Chef um eine Gehalterhöhung von etwa 2.250 Euro bitten. Der exakte Betrag lässt sich nicht ausrechnen, weil etwa die Krankenkassenbeiträge in der gesetzlichen Krankenversicherung gedeckelt sind, sich jedoch teilweise wieder steuerlich absetzen lassen. Der Chef des Angestellten muss nicht nur diese Lohnerhöhung von 2.250 Euro aufbringen, sondern zusätzlich noch die Arbeitgeberbeiträge zu den Sozialversicherungen. **Ihn kostet der Wunsch seines Mitarbeiters nach 1.000 Euro mehr etwa 2.700 Euro.**

Bei Arbeitnehmern spielt für die Festsetzung der zu zahlenden Steuern auch die Steuerklasse eine wichtige Rolle. Diese hängt ab vom Familienstand und ermöglicht es dem Arbeitgeber, Einkommensteuer in ungefähr der richtigen Höhe vom Arbeitslohn abzuziehen (diese im Voraus abgezogene Einkommensteuer nennt sich dann Lohnsteuer). Doch bildet die Lohnsteuer nur eine Abschlagszahlung auf die Einkommensteuer des Gesamtjahres. Besonders wenn Werbungskosten anfallen, der Arbeitslohn schwankt oder andere Ausgaben bei der Einkommensteuer zu berücksichtigen sind, setzt der Fiskus die endgültige Einkommensteuer erst im folgenden Jahr mit dem Einkommensteuerbescheid fest. Die gezahlte Lohnsteuer zieht das Finanzamt von der Einkommensteuer ab und erstattet die Überzahlung oder verlangt den Restbetrag nach, wenn zu wenig Lohnsteuer bezahlt wurde. Das ist etwa dann der Fall, wenn weitere Einkünfte vorliegen, von denen noch keine Lohnsteuer abgezogen wurde, zum Beispiel bei Renten oder Mieteinkünften.

Insgesamt bilden die Einnahmen aus der Lohnsteuer die zweitwichtigste Steuerquelle für den Staat. Nur wenig trägt die Einkommensteuer zu den Einnahmen des Staates bei, genauer gesagt, der Teil davon, der nicht in Form von Lohnsteuer abgezogen wird. Dies liegt daran, dass Selbständige und Unternehmen ihre zu versteuernden Einkünfte weitgehend selbst beeinflussen können. Warum das so ist und wie wir dieses Prinzip nutzen können, werden wir im zweiten Abschnitt dieses Buches noch genauer erörtern. Interessant im Hinblick auf die Einkommensteuer: Es gibt Finanzamtsbezirke, die mehr auszahlen als sie einnehmen. Das ist dort der Fall, wo viele gut verdienende Angestellte wohnen, etwa die Vorstände von großen Unternehmen mit Millioneneinkünften. Diese Top-Verdiener holen sich dann einen Teil ihrer Lohnsteuer in Form von Einkommensteuer zurück – ihr Finanzamt ist damit Nettozahler. Eine solche Situation findet sich zum Beispiel in den Vorortgemeinden von Frankfurt am Main, wo die Bankenmanager wohnen. Liebe Leser, bevor Sie anfangen zu schimpfen: Die Lohnsteuer dieser Riesengehälter hat das Finanzamt des Arbeitgebers kassiert, die Einnahmen des Staates sind also durchaus vorhanden.

Nicht unterschlagen wollen wir die wichtigste Einnahmequelle des Staates, die Umsatzsteuer (oder Mehrwertsteuer). Mit einem Betrag von etwa 190 Milliarden Euro im Jahr 2011 sorgt sie für ein Drittel des deutschen Steueraufkommens und bildet so die wichtigste staatliche Einnahmequelle. Die Umsatzsteuer besteuert den Austausch (fast) aller Lieferungen und Leistungen und wird prozentual vom Nettoerlös berechnet. Für die meisten Ausgaben gilt ein Satz von 19 Prozent, für Lebensmittel nur 7 Prozent und Wohnungsmiete oder ärztliche Leistungen sind sogar von der Mehrwertsteuer ausgenommen. Im Gegensatz zur Einkommensteuer ist die Umsatzsteuer eine indirekte Steuer, weil Steuerschuldner – in der Regel der Verkäufer – und wirtschaftlich Belasteter – der Käufer – nicht identisch sind.

„Die Lohnsteuer bildet die zweitwichtigste Steuerart."

Ganz im Gegensatz zu ihrer Bedeutung steht die mediale Präsenz anderer Steuerarten. So bringt die oft diskutierte Erbschaftsteuer jährlich nur etwa drei Milliarden Euro für den Fiskus. Dafür erfordert ihre Berechnung enorm viel Aufwand, tausende von Finanzbeamten sind allein dafür zuständig. Auf der anderen Seite sind auch tausende von Steuerberatern damit beschäftigt, eine Erbschaft optimal für ihre Klienten zu gestalten. In meinen Seminaren erwähne ich in diesem Zusammenhang gerne ein provokantes Beispiel, das den weit verbreiteten Ärger über die Steuern untermauert: Als im Jahr 2012 Theo Albrecht – einer der Aldi-Gründer – starb, hat dieser einen höheren Betrag vererbt, als das gesamte Erbschaftsteueraufkommen in Deutschland umfasst. Offensichtlich ist sein Vermögen so organisiert, dass so gut wie keine Steuerpflicht entstanden ist. Viel effektiver sind Steuerarten wie Lohn- oder Umsatzsteuer. Diese lassen sich sehr einfach berechnen und gleich einziehen.

Ausgewählte Steuereinnahmen 2011 (in Mio. €)

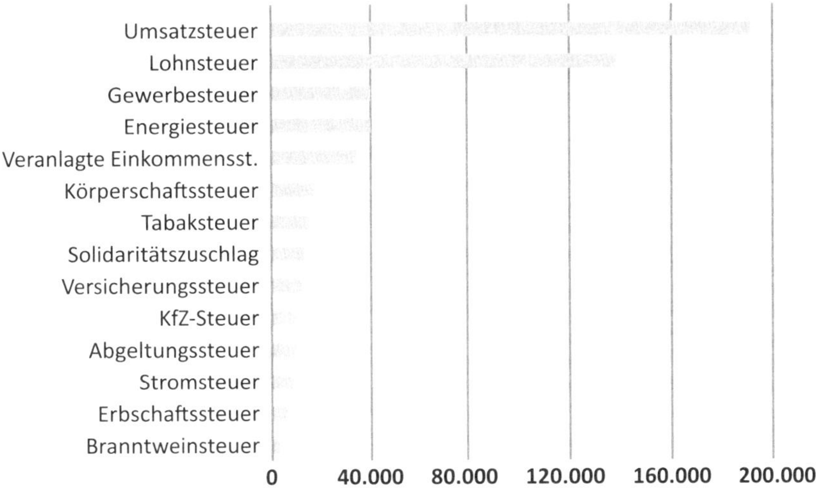

Quelle: Bundesfinanzministerium

Die reelle Rechnung

So viel zu den Steuerarten und Steuersätzen. Wie wir bereits gehört haben, stehen zwar meist die abstrakten Prozentsätze im Vordergrund, über unsere persönliche Finanzlage sagen diese jedoch wenig aus. So zeigt die Einkommensteuertabelle immer nur an, welche Steuern im Fall einer bestimmten Einkommenshöhe anfallen. Doch für mein Leben und die Gestaltung meiner persönlichen Finanzen spielt diese Art der Berechnung eigentlich keine Rolle. Die relevante Fragestellung lautet ganz anders: Wie viel Geld muss ich verdienen, um 1.000 Euro ausgeben zu können? Wie viel kosten mich also die 1.000 Euro im Hinblick auf meinen Gesamtverdienst, so wie er im Kapitel vorher beschrieben wurde? Die Antwort lautet 2.500 Euro. Als Arbeitnehmer muss ich also das Zweieinhalbfache meiner jeweiligen Konsumausgaben verdienen. Die zugrundeliegende Berechnung haben Sie im Zusammenhang mit Peter auf den vorigen Seiten kennengelernt. Diese reelle Rechnung zeigt, weshalb es kaum ein Arbeitnehmer schafft, ein Vermögen anzusparen. So weit, so schlecht. Doch wenn wir tatsächlich 2.500 Euro verdienen, obwohl nur 1.000 Euro auf unserem Gehaltszettel stehen, müssten wir doch versuchen, diese 2.500 Euro zu vereinnahmen. Ganz lässt sich dieses Ansinnen selbstverständlich nicht in die Tat umsetzen, denn erstens wird sich der Fiskus nicht komplett ohne Steuern abspeisen lassen und zweitens sollten wir uns wichtige Absicherungsbausteine wie eine Krankenversicherung schon gönnen. Doch irgendwo zwischen den beiden Beträgen lassen sich Potenziale heben – versprochen! Bevor es jedoch um die Optimierung der persönlichen Steuer- und Finanzsituation geht, möchte ich zum besseren Verständnis meiner Strategie auf die Steuersystematik näher eingehen. Lassen Sie mich zunächst grundsätzlich werden.

Der Sinn der Steuern

Es besteht breiter Konsens in unserer Gesellschaft, dass jeder Bürger seine Steuern bezahlen muss, um den Staat zu finanzieren. Schließlich soll unser Gemeinwesen die nötigen Schulen, Behörden, Polizisten, Straßen und vieles mehr bezahlen. Das ist zweifellos richtig, jeder von uns profitiert vom Staat und seinen Leistungen. Doch taugt dieses Argument nur für die allgemeine Situation, es sagt nichts über die persönliche Steuerbelastung im Einzelfall aus. Denn für jeden von uns stellt sich die Frage, ob wir tatsächlich alle Steuern und Abgaben bezahlen müssen, die sich das Finanzamt Jahr für Jahr holt. Natürlich bezahle ich die Menge an Steuern, die ich bezahlen muss. Dieses Buch stellt kein Plädoyer dafür dar, Geld vor dem Fiskus zu verstecken oder ähnliches. Meiner Meinung nach sollten wir jedoch nur die Steuern und Abgaben bezahlen, die der Staat tatsächlich von uns verlangt. Wenn wir uns anschauen, was tatsächlich im Detail heißt, kommen wir ganz schnell ins Grübeln.

Doch zunächst einmal gilt: Steuern sind Zwangsabgaben. Aber weshalb zwingt uns der Staat überhaupt, Steuern zu bezahlen? Und was heißt **tatsächlich** in diesem Zusammenhang? Das Erheben von Steuern dient der Finanzierung des Gemeinwesens. Dies ist jedoch nicht der einzige Zweck, weshalb ein Staat Steuern erhebt. Jeder Staat verfolgt mit seinem Steuersystem darüber hinaus

- **wirtschaftliche Lenkungszwecke und**
- **Sozialzwecke**

Das Steuergesetz wäre sehr einfach, sollte es lediglich Einnahmen für den Staat generieren. Doch sind die Steuergesetze voll von Vergünstigungen, die ein bestimmtes Verhalten der Bürger – oder auch der Unternehmen – fördern sollen. Diese bezeichnen wir im Allgemeinen als Lenkungsnormen. Zum Beispiel hat die Regierung vor kurzem festgelegt, dass mehr Elektroautos auf den Straßen fahren sollen. Also wurde das Kraftfahrzeugsteuergesetz geändert und nun sind Elektroautos von der Kfz-Steuer befreit (zumindest für einige Jahre). Im Bereich der Umsatzsteuer gilt ein geringerer Steuersatz für bestimmte Umsätze, wie etwa für etwa Lebensmittel und Arztbesuche. Dadurch sollen die Käufer dieser Waren und Dienstleistungen begünstigt werden. Wir alle kennen viele weitere Beispiele für derartige Lenkungsnormen.

Schauen wir genau hin, dann beschäftigen sich wahrscheinlich nur 10 Prozent der Texte in Steuergesetzen mit dem Erheben von Steuern zur Finanzierung der Staatsaufgaben. Die anderen 90 Prozent dagegen beinhalten Ausnahmeregelungen und darauf abgestimmte Bestimmungen, die dem Missbrauch dieser Ausnahmen entgegenwirken sollen. So sind die Steuergesetze voll von Sozialzwecknormen und Lenkungsnormen. Die angestrebte Lenkung des Verhaltens der Bürger funktioniert aber nur, wenn wir die gebotenen Möglichkeiten **tatsächlich** nutzen. Da ist das Wort wieder! Der Gesetzgeber würde schlicht sein Ziel verfehlen, reagierten wir nicht. Er baut darauf, uns mit den Steuergesetzen zu einem bestimmten Verhalten zu bewegen, und geht davon aus, dass wir nicht mehr Steuern zahlen, als wir müssen. Der Sinn dahinter ist ganz einfach: Alle Vergünstigen und Ausnahmen zielen darauf ab, Unternehmen in die Lage zu versetzen, Arbeitsplätze zu schaffen und die Wirtschaft in Schwung zu bringen. Wir müssen uns also keineswegs dafür schämen, wenn wir die bestehenden Regeln nutzen. Im Gegenteil, der Staat beabsichtigt genau das und wir müssten eine Auszeichnung dafür erhalten! Wir nutzen lediglich die vorhanden Anreize und können mit deren Hilfe auch im Fall durchschnittlicher Einnahmen nachhaltig ein Vermögen bilden. Wieso sollten wir Mittel für Investitionen nach den Regeln für den Konsum besteuern? Das wäre völlig widersinnig. Kein Steuerpflichtiger muss also mehr bezahlen als steuerrechtlich erforderlich ist. Wir haben selbstverständlich das Recht, unsere Finanzen so zu gestalten, dass wir möglichst wenig Steuern bezahlen müssen.

„Niemand muss mehr Steuern bezahlen,
als der Staat verlangt."

Warum diese Potenziale bestehen und welches Prinzip dahinter steckt, lässt sich leicht erklären: Unsere Steuergesetze knüpfen an Tatbestände an. Wer einen Tatbestand erfüllt, produziert den entsprechenden Steueranspruch für den Fiskus. Erfüllt er den Tatbestand aber nicht, fällt auch keine Steuer an. Im Fall unseres Einkommens bedeutet also nicht jeder Geldzufluss auch gleichzeitig ein Plus im Einkommen. Der Staat besteuert nur diejenigen Einnahmen, die das Einkommensteuergesetz definiert. Beispiel: Sie gewinnen bei „Wer wird Millionär" den Geldbetrag von 64.000 Euro. Der Tatbestand „Quiz-Gewinn" zählt für den Fiskus nicht als Einkommen und bleibt deshalb steuerfrei. Legen Sie das Geld aber an und erwirtschaften damit weitere Einnahmen wie etwa Zinsen, dann sind diese Zinsen sehr wohl zu versteuern. Ähnliches gilt für Lottogewinne und den Nobelpreis. Das Prinzip hinter dieser Ausnahme: Es lässt sich für den Geldzufluss keine exakte Gegenleistung definieren. Zwar dürften nur wenige Leser jemals in den Genuss eines Nobelpreises kommen, doch möchte ich mit dieser Erläuterung eines deutlich machen: Es lohnt sich immer, bei Geldzuflüssen zu analysieren, inwieweit sie überhaupt steuerlich relevantes Einkommen darstellen. Einkommen ist nur das, was im Einkommensteuergesetz als solches definiert ist. Der Paragraph 2 listet hierzu eine umfangreiche Liste von Einkünften auf, aufgeteilt in 7 Einkunftsarten. Doch noch deutlich umfangreicher fällt der Paragraph 3 aus. Dieser enthält die Ausnahmen und führt alle Einnahmearten auf, die kein Einkommen in steuerlicher Hinsicht darstellen. Und jetzt wird es interessant. Zu versteuernde Einkünfte subsumiert der Fiskus in sieben Einkunftsarten, die steuerfreien Einkünfte benötigen 70 Punkte, teilweise untergliedert in a), b), c). Das Zehnfache also! Es wäre doch gelacht, könnten wir diese Liste nicht für uns nutzen! Und tatsächlich, denkbar sind die unterschiedlichsten Einkünfte.

„Nicht alle Einkünfte sind steuerpflichtig."

Beispiel: Ein Arbeitgeber kann seinem Mitarbeiter jeden Monat eine Unze Silber in Form einer Medaille steuerfrei zukommen lassen, denn Zuwendungen in Sachwerten sind bis zu einer Höhe von 44 Euro pro Monat steuer- und abgabenfrei[2]. Zur Sicherheit sollte das Unternehmen diese Zuwendungen dokumentieren und beispielsweise den aktuellen Tageswert dieser Medaille ausdrucken und archivieren. Solche Möglichkeiten bestehen nicht nur für Unternehmer. Ebenso steuerfrei ist es, Gold zu kaufen und mit Gewinn nach zwei Jahren wieder zu verkaufen. Die persönlichen Verhältnisse lassen sich also durchaus so gestalten, dass möglichst wenig Steuern anfallen. Das ist legitim und legal. Davon handelt dieses Buch.

Bislang haben wir uns den Einnahmen gewidmet und untersucht, welche Geldflüsse Tatbestände hinsichtlich der Steuer darstellen. Doch müssen wir manchmal auch dann Steuern bezahlen, obwohl gar kein Geld fließt. Schauen wir uns dazu wieder ein Beispiel an: Dora betreibt ein gut gehendes Fitnessstudio für Frauen. Das Geschäft läuft seit Langem sehr gut und deshalb beschloss Dora bereits im Jahr 2000, eine eigene Immobilie für ihr Studio zu bauen. Dora plant, das Fitnessstudio (nicht die Immobilie) im Jahr 2030 zu verkaufen und sich zur Ruhe zu setzen. Die Immobile wird sie dann an den künftigen Betreiber vermieten und mit der Miete ihren Lebensunterhalt bestreiten. Da sich die Mieten etwa den Lebenshaltungskosten anpassen, glaubt Dora, eine optimale Lösung für ihren Ruhestand gefunden zu haben.

Schauen wir uns die Zahlen an (vereinfacht):

Exkurs 4: Scheingewinnbesteuerung

Dora investiert 1.200.000 Euro in die Immobilie. Sie darf jedes Jahr 3 Prozent der Baukosten geltend machen (auf den Wert ohne Grundstück, als Abschreibung bei der Einkommensteuer, 3 Prozent gelten für Betriebsvermögen). Nehmen wir an, von 2000 bis 2030 beträgt die Inflationsrate jährlich 4 Prozent. Verkauft Dora nun das Fitnessstudio, muss sie nicht nur den Verkaufspreis, sondern auch die Immobilie versteuern. Für das Finanzamt ist die Immobilie aus dem Betrieb „entnommen" und ins Privatvermögen übergegangen. Zu versteuern ist:

Wert der Immobilie (aufgrund der Inflation)	3.900.000 €
abzüglich Buchwert der Immobilie (1.200.000 € – 30 x 30.000 €)	300.000 €
Zu versteuern	**3.600.000 €**

Ergebnis: Die Steuerbelastung erfolgt auf einen nicht realisierten Gewinn, deshalb spricht man von einem Scheingewinn. Die Immobilie ist in 30 Jahren nicht wirklich wertvoller geworden, nur das Geld hat an Wert verloren. Dennoch muss Dora die fiktiven 3,6 Millionen Euro versteuern. Ihr Plan, nach dem Verkauf von der Miete der Immobilie zu leben, wird also in dieser Form nicht aufgehen. Es kann sogar passieren, dass sie die Immobilie verkaufen muss, nur um die Schulden beim Finanzamt zu begleichen. Der Fehler geschah bereits im Jahr 2000, als nicht darauf geachtet wurde, dass die Immobilie unbedingt Privatvermögen bleiben soll.

Das Beispiel zeigt eindrucksvoll, wie wichtig eine rechtzeitige und langfristige Steuerplanung ist.

Auch bei Geldanlagen spielen Steuern eine große Rolle

Steuern tragen nicht nur zur großen Diskrepanz zwischen Brutto und Netto bei, sie beeinträchtigen genauso den Bereich Vermögensbildung. Wer Geld anlegt, weiß, dass es hierbei auf die Erträge der jeweiligen Anlage ankommt – zum Beispiel auf die Verzinsung. Zunächst gilt: Die Zeit ist ein entscheidender Faktor bei der Geldanlage. Und bei langen Zeiträumen wirken sich auch kleine Änderungen der Renditen in Form eindrucksvoller Zahlen aus. Lassen Sie uns diese wieder mit Hilfe eines Beispiels verdeutlichen:

Ein Vater schenkt seinem Sohn 5.000 Euro bei der Geburt. Er denkt an seine eigene finanzielle Situation und hofft deshalb, dass der Sprössling einen netten Batzen erhält, wenn er mal nicht mehr arbeitet. Der Vater möchte angesichts des langen Anlagezeitraums einen möglichst guten Zinssatz bei seiner Bank herausholen. Nehmen wir einmal an, dass er zwei sehr gute Angebote bekommt:

• Bank A bietet einen Zinssatz von 6 Prozent
• Bank B bietet einen Zinssatz von 8 Prozent

Selbstverständlich entscheidet sich der Vater für Bank B, rechnet jedoch zur Kontrolle aus, was sein Sohn mit 65 Jahren jeweils erhält.

• Ergebnis Bank A: 51.428,59 Euro
• Ergebnis Bank B: 108.622,61 Euro

Bei einem Zinssatz von 8 Prozent erhält der Sohn im Alter von 65 Jahren das Doppelte des Betrags, der ihm beim Angebot der Bank A zugeflossen wäre. Und das, obwohl die Differenz der beiden Angebote nur 2 Prozent beträgt. Ihnen ist nicht ganz klar, was diese Rechnung mit dem Thema Steuern zu tun hat? Ganz einfach: Die angenommenen 2 Prozent Differenz bedeuten ein Viertel des höheren Zinssatzes von 8 Prozent, den Bank B bietet. Und dieses Viertel entspricht genau dem, was wir heute als Abgeltungsteuer bei Kapitalerträgen zu bezahlen haben, nämlich 25 Prozent. Wir sollten uns deshalb stets vor Augen halten, dass wir bei Geldanlagen einen hohen, steuerlichen Abschlag zu verzeichnen haben. Die in diesem Buch vorgestellte Strategie zielt deshalb nicht nur darauf ab, die persönliche Steuern- und Abgabenlast bei den beruflichen Einkünften zu vermindern, sondern sie berücksichtigt ebenso die steuerliche Situation der Vermögensbildung.

Exkurs 5: Der Zeitpunkt der Besteuerung zählt

Wollen wir die Auswirkungen der Abgeltungsteuer auf die Vermögensbildung exakt bestimmen, dürfen wir nicht nur deren Höhe betrachten. Überhaupt unterschätzen viele Menschen die Auswirkung der unterschiedlichen Steuerarten auf ihre Chancen, überhaupt ein Vermögen zu bilden. Neben der Höhe des Steuersatzes spielt dabei insbesondere der Zeitpunkt der Besteuerung eine wichtige Rolle. Vergleichen wir deshalb zwei Szenarien, eines mit jährlichem Abzug der Abgeltungsteuer und eines mit einmaligem Abzug zum Ende des gewählten Anlagezeitraums. Das Ergebnis ist eindeutig:

	SZENARIO 1	**SZENARIO 2**
Anlagesumme	**100.000 €**	**100.000 €**
Anlagedauer	40 Jahre	40 Jahre
Zinssatz	6 %	6 %
Abgeltungssteuer	25 %	25 %
Erhebung der Abgeltungssteuer	jährlich	auf den Endbetrag
Ergebnis	**581.000 €**[3]	**796.000 €**

Beim zweiten Szenario erhält der Sparer am Ende also über ein Drittel mehr Geld! Wo ist im Fall von Szenario 1 das Geld geblieben? Ganz einfach, der Staat hat es kassiert. Aufgrund der jährlichen Besteuerung wurden über 215.000 Euro mehr an den Fiskus überwiesen als im Fall des einmaligen Abzugs am Ende des Anlagezeitraums – und das, obwohl der Steuersatz in beiden Szenarien 25 Prozent beträgt. An der Höhe der Steuer kann es also nicht liegen.[4]

Hier kommt es darauf an, **wann** die Steuer erhoben wird!

Die geschilderte, steuerliche Situation trägt bei vielen Menschen die Verantwortung dafür, dass es nicht gelingt, ein Vermögen anzusparen. Und wer seine Einnahmen ausschließlich im System der Lohnsteuer versteuert, wird dem auch kaum entkommen. Deshalb fand das Wort Zwangsabgaben nicht ohne Grund Erwähnung. Potenziale bieten sich hauptsächlich dann, wenn die Einkünfte auf selbständiger Basis erfolgen, denn dann bestehen wesentlich weniger Zwänge. Das kommende (kurze) Kapitel soll deshalb dazu dienen, den Weg in die Selbständigkeit genauer unter die Lupe zu nehmen.

Auf fast jeder Gehaltsabrechnung von Arbeitnehmern bilden Steuern und Abgaben den Löwenanteil der Abzüge. Ihre wahre Höhe liegt weit über dem, was der Fiskus uns weismachen will. Deshalb sind diese Abzüge überwiegend dafür verantwortlich, dass die Menschen auch bei großen Einkommen nur selten ein Vermögen ansparen können.

Der Weg in die Selbständigkeit

Um das zentrale Hindernis für den Vermögensaufbau nochmals zu verdeutlichen: Die höchstmögliche Gesamtlast an Steuern und Abgaben beträgt nicht 45 Prozent. Sie liegt deutlich höher. Zudem bietet das System von Lohnsteuer und Sozialabgaben kaum Spielraum, um die Abgabenlast zu senken. Deshalb gilt diese Einschränkung nur für die steuerliche Einstufung als Arbeitnehmer und Einzelunternehmer. Ganz anders behandelt der Fiskus Firmengewinne und zudem sind Selbständige und Unternehmer selbst für das Entrichten ihrer Steuern verantwortlich. In der Praxis heißt das, sie berechnen ihren Gewinn selbst und können dabei Spielräume nutzen. Damit entscheiden sie weitgehend selbst darüber, wie viel Einkommensteuer oder Körperschaftsteuer (so heißt die Einkommensteuer von Kapitalgesellschaften) zu zahlen ist. Allerdings bedeutet das Vorhandensein der Möglichkeiten noch längst nicht, dass alle Unternehmer die Potenziale ausschöpfen. Im Gegenteil, die Erfahrung zeigt, dass auch viele Geschäftsführer und Gesellschafter von Unternehmen ihre Finanzen keineswegs steueroptimiert gestalten. Sie fallen genauso in die hohe Besteuerung nach Einkommensteuertabelle wie jeder Arbeitnehmer. Die hier vorgestellte Strategie richtet sich daher genauso an die „alten Hasen" unter den Unternehmern wie an gut verdienende Arbeitnehmer. Lassen Sie uns jedoch zunächst die Situation der zweiten Gruppe beleuchten.

Wie wir schon gesehen haben, bieten sich im Fall der abhängigen Beschäftigung kaum Möglichkeiten, der hohen Steuer- und Abgabenlast zu entkommen. Im Fall eines Arbeitnehmers kann es daher sinnvoll sein, den Schritt in die Selbständigkeit zu gehen – entweder durch Kündigung oder in Form einer nebenberuflichen, freien Tätigkeit. Es ist sogar ohne weiteres möglich, nur den Vermögensaufbau in einem Unternehmen zu bündeln und seinen angestellten Job zu behalten. Den größten Gewinn bringt die hier vorgestellte Strategie jedoch demjenigen, der seine kompletten Arbeitseinkünfte auf selbständiger Basis erwirtschaftet. Im Sinne der steuerlichen Optimierung muss daher der Rat lauten: Machen Sie sich selbständig!

„Machen Sie sich selbständig!"

Blicken wir deshalb zunächst auf den formalen Schritt in die Selbständigkeit und schauen uns den Arbeitnehmer an, der seine Tätigkeit in Zukunft in Eigenregie durchführen möchte. Am Beginn steht die Gewerbeanmeldung beim Finanzamt, als gewerblicher Unternehmer muss zudem ein Gang zur jeweiligen Gemeinde- oder Stadtverwaltung erfolgen. Die Ämter leiten die Informationen dann an alle involvierten Stellen weiter, also vor allem an solche, die Geld haben wollen. Das sind etwa Berufsgenossenschaften, Gewerbeämter oder IHK. Damit ist der wichtigste Schritt in punkto Vermögensaufbau bereits erledigt, der Sprung aus dem Arbeitnehmerdasein in die Selbständigkeit. In diesem Moment beginnt nicht nur die Selbstverantwortung für das Berufsleben, sondern auch diejenige für Steuern und Abgaben. Mit diesem Schritt muss sich jedoch auch das Denken ändern, von der Änderung der inneren Einstellung hängt viel ab.

Gerade zu Beginn der Selbständigkeit herrscht vielfach noch das Arbeitnehmerdenken vor und die Begriffe Einnahmen und Gewinn geraten leicht durcheinander. Kein Wunder, als Arbeitnehmer bekam man automatisch alles abgezogen und nur der Rest landete auf dem Konto. Nun bleibt auf einmal viel mehr Geld übrig. Einnahmen sind jedoch nicht gleich Gewinn! Selbständige müssen einen Anteil der Kosten, die zuvor abgezogen wurden (Krankenversicherung, Altersvorsorge, Einkommensteuer, Solidaritätszuschlag, Kirchensteuer), eigenverantwortlich decken. Ganz wichtig sind die Vorsorgemaßnahmen gegen die Unwägbarkeiten des Lebens, aber auch solche gegen Schwankungen des Einkommens. Außerdem muss jeder Selbständige und Unternehmer Rücklagen für die Steuern bilden, die im folgenden Monat (Umsatzsteuer) oder im nächsten Jahr fällig werden (Einkommensteuer oder Körperschaftsteuer und Gewerbesteuer). Diese Kosten bilden den wesentlichen Teil der vom Einkommen abzuziehenden Beträge. Was so einfach klingt, hält jedoch einige Hürden bereit. Zum Beispiel kennen Steuerberater die klassische Pleite nach dem dritten Jahr Selbständigkeit. Und die geht so: Im ersten Jahr fällt der Verdienst noch ausgesprochen mager aus, die Steuerlast ist also gleich null. Im zweiten Jahr gehen die Einnahmen dann schon kräftig in die Höhe, es wird viel gearbeitet und alles investiert. An die Steuer denkt noch niemand. Langsam kommen die ersten Mahnungen vom Finanzamt. Schließlich folgen dann irgendwann der Gang zum Steuerberater und der Jahresabschluss sowie die Steuererklärung für das zweite Jahr. Meist geschieht das erst gegen Ende des dritten Jahres, also so spät wie möglich. Im vierten Jahr wird dann diese Steuer fällig. Doch nicht nur diese! Aufgrund der guten Einnahmesituation fordert das Finanzamt zudem die Steuer für das dritte und eine Vorauszahlung für das vierte Jahr. Nicht selten umfasst die am Beginn des vierten Jahres zu zahlende Steuer einen höheren Betrag, als der frisch gebackene Selbständige im Gesamtjahr an Einnahmen verzeichnet. Geld ist meist keines vorhanden, weil alles investiert und ausgegeben wurde. In diesen Fällen ist eine Insolvenz vorprogrammiert. Als oberste Regel gilt deshalb, Verantwortung zu übernehmen und entsprechende Rücklagen zu bilden.

„Die Selbständigkeit erfordert Eigenverantwortung."

Wer erfolgreich in die Selbständigkeit starten will, sollte daher schrittweise vorgehen. Sinnvoll ist es dabei, als Einzelunternehmer zu beginnen oder zusammen mit Partnern als GbR (Gesellschaft bürgerlichen Rechts) aufzutreten. Tun sich zwei Einzelunternehmer oder Freiberufler geschäftlich zusammen, bilden sie damit übrigens automatisch eine GbR, Formalitäten sind dafür nicht erforderlich. Der Fiskus behandelt sowohl Einzelunternehmer als auch Gesellschafter einer GbR als Einkommensteuerpflichtige. Es gelten dieselben Steuertabellen wie für Arbeitnehmer, ab einem Einkommen von etwa 50.000 Euro fordert der Fiskus also 42 Prozent.

Exkurs 6: Einkünfte von Arbeitnehmern vs. Selbständigen

Hans (46) arbeitet als angestellter Elektronikingenieur und verdient im Jahr 80.000 Euro brutto. Wir wissen, dass er seinem Arbeitgeber jährlich 100.000 Euro Gehaltskosten verursacht. Dafür arbeitet Hans nach Abzug von Urlaub- und Krankheits- und Weiterbildungstagen etwa 200 Tage im Jahr. Hans macht sich mit einem Ingenieurbüro selbständig. Er berechnet seinen Kunden anfangs einen Tagessatz von 600 Euro plus Mehrwertsteuer. Anfangs ist er nur halb ausgelastet.

	ARBEITNEHMER	**SELBSTÄNDIGER** **Tagessatz 600 € + MwSt.**
Arbeitstage pro Monat	20	10
Kosten für Arbeitgeber	100.000 €	72.000 €
Bruttoeinkünfte p.A.	80.000 €	72.000 €
Monatlich auf Konto	**3.600 €**	**7.140 €**

Ein gravierender Unterschied! Mit nur halb so vielen Arbeitstagen kommt Hans auf ähnliche Bruttoeinkünfte, hat jedoch mehr als doppelt so hohe Eingänge auf seinem Konto. Selbstverständlich muss Hans davon noch Steuern sowie die nötigen Versicherungen usw. bezahlen. Dieses Geld muss er selbst einteilen und ob er wirklich günstiger fährt, ist damit nicht gesagt. Er ist jedoch selbst verantwortlich und kann dadurch gestalten.

Ein wichtiger Unterschied besteht im Hinblick auf die Einkommensteuer: Beim Arbeitnehmer behält der Arbeitgeber monatlich die Lohnsteuer ein, der Einzelunternehmer ist für seine Einkommensteuer selbst zuständig. Zudem stehen ihm zusätzliche Möglichkeiten zur Verfügung, Ausgaben geltend zu machen und damit den Gewinn zu senken. Trotz der steuerlich weitgehend gleichen Behandlung rate ich jedem Arbeitnehmer, der die in diesem Buch dargelegte Strategie umsetzen möchte, zunächst als Einzelunternehmer in die Selbständigkeit zu starten und sein Geschäft aufzubauen. Zu Beginn stehen Investitionen an, der Kundenkreis will aufgebaut werden und es geht erst mal ums Geldverdienen. Diese Phase ist ausgesprochen wichtig und sie legt den Grundstein für den unternehmerischen Erfolg. Im Hinblick auf die Erfolgsaussichten kommt es darauf an, so wenig administrative und finanzielle Hürden wie möglich aufzubauen. Die Gründung einer GbR oder eines Einzelunternehmens kostet nicht viel und der Start kann sofort erfolgen. Die Schwelle ist also niedrig. Noch ein Pluspunkt: Entstehen in der Anfangsphase Verluste, lassen sich diese mit anderen Einkünften verrechnen.

Die Grenze: 40.000 Euro

Nehmen wir an, Sie arbeiten erfolgreich auf selbständiger Basis und könnten die Potenziale meiner Strategie nutzen. Wie kommen Sie zu den Möglichkeiten der Körperschaftsteuer sowie der Trennung zwischen Konsum und Vermögensaufbau? Ganz einfach, mit Hilfe einer Kapitalgesellschaft. Allerdings sollten Sie diese nur dann gründen, wenn Bedingungen erfüllt sind. Die wichtigste: Eine Kapitalgesellschaft lässt sich im Sinne der hier beschriebenen Strategie zum Vermögensaufbau nutzen, wenn das jährliche Einkommen die Schwelle von etwa 40.000 Euro überschreitet, entsprechend beträgt die Grenze 80.000 Euro bei Verheirateten. Vorsicht jedoch bei vorschnellen Freudensprüngen ob des Einkommens: Die Erfahrung zeigt, dass gerade die Startphase der Selbständigkeit von vielerlei Belastungen geprägt ist und der Verdienst und somit auch die Steuern sich auf einem niedrigen Niveau bewegen. Deshalb sollte ein Einkommen von 40.000 Euro pro Jahr keine Eintagsfliege bleiben, sondern jedes Jahr erreicht und übertroffen werden. Nur wer als Einzelunternehmer oder GbR dauerhaft über diesem Limit liegt, zahlt die beschriebene hohe Steuer- und Abgabenlast und verfügt damit auch über die nötigen Potenziale, um die beschriebenen Vorteile nutzen zu können. Verschwiegen werden soll zudem nicht, dass sich die Vorteile einer Kapitalgesellschaft als Nachteile auswirken, wenn die Einnahmen dauerhaft unter der genannten Schwelle liegen. Ist das der Fall, lassen sich die Zusatzkosten der GmbH nicht so ohne weiteres auf fast null setzen, wie das beim Einzelunternehmen geschehen kann.

Ganz wichtig ist es also, die Schwelle von 40.000 Euro pro Jahr dauerhaft zu erreichen. Dann lohnt sich der Systemwechsel alleine schon aus steuerlichen Gesichtspunkten. So verdreifacht sich beispielsweise die zu entrichtende Steuer bei einer Verdopplung des Verdienstes von 20.000 Euro auf 40.000 Euro. Die folgende Einkommensteuertabelle (2012) bezieht sich auf Alleinstehende und ist mit Solidaritätszuschlag, aber ohne Kirchensteuer berechnet.

Verdienst	**Steuerlast**	**Durchschnittssteuersatz**	**Grenzsteuersatz**
20.000,- €	**2.850 €**	13,5 %	27,0 %
30.000,- €	**5.935 €**	18,8 %	31,5 %
40.000,- €	**9.503 €**	22,5 %	36,1 %
50.000,- €	**13.554 €**	25,7 %	40,7 %
60.000,- €	**17.965 €**	28,4 %	42,0 %

Sehr anschaulich verdeutlicht diese Tabelle, dass die Differenz zwischen den anfallenden Steuern mit jedem 10.000er-Schritt immer größer wird. Wir sehen also, was der Begriff Steuerprogression in der Realität bedeutet. Noch kurz zur Berechnung von Durchschnitts- und Grenzsteuersatz: Der Durchschnittssteuersatz lässt sich als prozentualer Betrag des Einkommens berechnen. 9.503 Euro sind 22,5 Prozent von 40.000 Euro. So weit, so einfach. Schwieriger gestaltet sich die Berechnung des Grenzsteuersatzes (oft auch Spitzensteuersatz genannt). In unserem Fall mit 40.000 Euro Jahreseinkommen kommt dieser zustande, indem wir die Einkommenserhöhung betrachten. Der Spitzensteuersatz besagt, wie hoch die Steuern auf zusätzliches Einkommen ausfallen. In unserer Tabelle bedeutet der Spitzensteuersatz von 42 Prozent bei einem Einkommen von 60.000 Euro, dass für jeden weiteren Euro Verdienst 42 Cent Steuern anfallen. Hinzu kommen noch der Solidaritätszuschlag und gegebenenfalls die Kirchensteuer.

Doch zurück zu unserer Schwelle. Weshalb lohnt sich der Systemwechsel erst bei etwa 40.000 Euro Jahreseinkommen? Ganz einfach: Weil eine Kapitalgesellschaft mit zusätzlichen Kosten belastet ist und sich der Umstieg unter dem Strich lohnen soll. Ab dieser Schwelle kompensiert die Steuerersparnis die genannten Belastungen und dann ergibt ein formaler Wechsel Sinn – die Gründung eines Unternehmens in Form einer Kapitalgesellschaft und damit der Schritt hin zur Körperschaftsteuer. Haben wir diesen Schritt vollzogen, können wir mit beiden Steuerarten gekonnt „spielen".

„Mehrkosten lassen sich leicht kompensieren."

Noch ein Wort zu den Mehrkosten einer Kapitalgesellschaft, verglichen mit einem Einzelunternehmen: Selbstverständlich fällt ein höherer Aufwand an. Das beginnt bei administrativen Aufgaben wie der Buchführung, geht über die Kosten für IHK oder ähnliches und reicht bis zu den Veröffentlichungspflichten bei der Bilanz.

Die Erfahrung zeigt, dass sich die administrativen Mehrkosten einer Kapitalgesellschaft im Vergleich zum Einzelunternehmen auf etwa 1.000 Euro bis 2.000 Euro pro Jahr belaufen. Diese Mehrkosten fallen übrigens an, egal ob die Kapitalgesellschaft Gewinne macht oder Verluste und sie steigen proportional zur Komplexität der Firmenstruktur. Soweit die Kostenseite. Viel mehr zählt jedoch die Frage, inwieweit sich die Vorteile nutzen lassen. Und hier stehen jeder Firma unzählige Möglichkeiten zur Verfügung. Beispielsweise wird aus dem häuslichen Arbeitszimmer mit einer begrenzten Absetzbarkeit eine Betriebsstätte, für die die Kapitalgesellschaft Miete bezahlen kann. Das gilt sogar dann, wenn der Unternehmer im eigenen Haus wohnt und somit an sich selbst vermietet. Eine genaue Erläuterung der absetzbaren Kosten folgt im Kapitel „Gewinn ist nicht gleich Gewinn“.

30 Prozent

Nun haben wir also den Schritt vom Einzelunternehmen zur Kapitalgesellschaft vollzogen. Erinnern Sie sich an die Prophezeiung aus dem Vorwort, dass Steuern Spaß machen können? Genau an diesen Punkt kommen wir nun. Dieses Buch zielt darauf ab, dass wir uns von Sätzen und Systematik der Lohn- und Einkommensteuer teilweise verabschieden und die Möglichkeiten der Besteuerung für Kapitalgesellschaften nutzen. Ein wichtiger Grund für diesen Systemwechsel: Es gelten im Fall von Kapitalgesellschaften nur rund 30 Prozent Steuerlast gegenüber 45 Prozent bei Arbeitnehmern und Einzelunternehmern. Woher kommen diese 15 Prozent Differenz? Arbeitnehmer und Einzelunternehmer bezahlen Einkommensteuer, Kapitalgesellschaften dagegen bezahlen Körperschaftsteuer in Höhe von 15 Prozent (vom Gewinn) plus 5,5 Prozent Solidaritätszuschlag (von der Körperschaftsteuer), insgesamt also 15,8[5] Prozent . Dieser Satz bleibt immer gleich, egal wie hoch die Einkünfte der GmbH ausfallen. Im Fall der Unternehmensbesteuerung ist die viel diskutierte Flatrate also längst Realität. Zur Körperschaftsteuer kommen zirka 15 Prozent Gewerbesteuer. Macht zusammen die genannten ungefähr 30 Prozent. Ganz besonders betonen möchte ich hier, dass es mit diesem Steuersatz getan ist. Körperschaftsteuer plus Solidaritätszuschlag und Gewerbesteuer addiert – mehr fordert der Fiskus nicht von einer GmbH. Dabei ist es gleichgültig, ob die

Firma einige Tausend Euro oder Millionen verdient. Mehr als 30 Prozent gehen nicht an den Fiskus. Noch eine Bemerkung zu den 30 Prozent: Wie sehr viele Zahlen in diesem Buch variiert diese Zahl je nach Unternehmen. Der genaue Satz kann um wenige Prozent nach unten oder oben schwanken. Der Einfachheit halber spreche ich in der Folge aber pauschal von 15 bzw. 30 Prozent, wenn es um die Unternehmensbesteuerung geht. Kapitalgesellschaften bieten jedoch noch weitere Vorteile gegenüber dem Einzelunternehmer. Sie sind professioneller aufgestellt, sie verfügen über eine aussagekräftigere Buchführung und ihre Partner bringen ihr gegenüber eine höhere Wertschätzung zum Ausdruck. Doch ganz entscheidend ist die steuerliche Situation, weil Kapitalgesellschaften meine Strategie anwenden können. Und mit Hilfe dieser Strategie lassen sich jedes Jahr 15 Prozent der bisher gezahlten Steuerlast einsparen.

Exkurs 7: Wie viel 15 Prozent wären...

Wie viel Geld haben Sie bis jetzt in Ihrem Berufsleben verdient?

Starten Sie bei Ihrem Einstieg und rechnen Sie bis heute. Als Beispiel betrachten wir cinen 50-Jährigen, der 25 Berufsjahre auf dem Buckel hat.

JOB	**Monatlicher Bruttoverdienst**	**Dauer**	**GESAMT**
Berufseinstieg als Assistent	**1.800 €**	24 Monate	**43.200 €**
Juniorstatus	**2.800 €**	24 Monate	**67.200 €**
Seniorstatus	**4.200 €**	72 Monate	**302.400 €**
Executive-Status	**7.400 €**	96 Monate	**710.400 €**
Manager	**9.800 €**	84 Monate	**823.200 €**
GESAMTVERDIENST			**1.946.400 €**
Davon 15 %			**291.960 €**

Ein finanziell durchschnittlicher Berufseinstieg und 21 „richtige" Berufsjahre eines Gutverdieners reichen also aus, um knapp zwei Millionen zu verdienen. Und 15 Prozent davon ergeben fast 300.000 Euro. Wer als angestellter oder freiberuflicher Top-Verdiener mit entsprechend höheren Einkünften und einem Spitzensteuersatz von 45 Prozent diese Berechnung alleine für die letzten fünf Jahre durchführt, wird auf ebenso beeindruckende Ergebnisse kommen. Wer 15 Prozent halbwegs gut anlegt, verfügt in wenigen Jahren unweigerlich über ein Millionenvermögen. Eine extrem positive Perspektive.

Das traurige Erwachen folgt meist erst jetzt: Berechnen Sie bitte Ihr heutiges Vermögen. Was konnten Sie in den letzten fünf oder zehn Jahren beiseitelegen? Berücksichtigen Sie dabei die Definition von Werten, wie ich sie im ersten Abschnitt vorgenommen habe. Meist dürfte das Ergebnis dieser Kalkulation weit unter den beschriebenen 15 Prozent liegen. Meiner Erfahrung nach verfügen selbst Top-Verdiener in Führungspositionen selten über nennenswerte Rücklagen. Das Geld wandert in den Lebensunterhalt, die Kindererziehung, den Immobilienkredit und kleineren Luxus. Erst mit Ende 50 gelingt es vielen Menschen, überhaupt nennenswertes Kapital anzusparen. Ergebnis sind einige 10.000 Euro – zu wenig, um nicht von staatlichen Leistungen abhängig zu sein.

„Selbst hohe Einkommen bringen es nur selten zu Vermögen."

Trotz aller Urlaubsreisen, Mietzahlungen oder Anschaffungen macht sich angesichts der enormen Diskrepanz zwischen dem realen Ergebnis und den fiktiven 15 Prozent oft großer Frust breit. Doch muss dieser Frust nicht unbedingt sein. Mit der 30-Prozent-Strategie bleibt ein Großteil des Geldes im eigenen Säckel, das bislang in Form von Steuern und Abgaben an den Staat geflossen ist. Und das alles, ohne den bisherigen Lebensstandard einschränken zu müssen. Zudem kommt noch ein weiterer Steuer-Spaß-Faktor hinzu: Die zukünftigen Einkünfte werden wahrscheinlich noch deutlich höher ausfallen als die bisherigen, die Sie eben berechnet haben. Ihre berufliche Karriere endet ja keineswegs mit dem Systemwechsel. Wer aus dem Arbeiter- oder Angestelltenverhältnis aussteigt, kann unverzüglich damit anfangen, etwa 15 Prozent seiner Steuerlast zu sparen. Sie müssen es nur tun. Damit der Schritt leichter fällt und die Motivation noch weiter steigt, sollten Sie tatsächlich ganz konkret ausrechnen, wie hoch Ihr Gesamteinkommen in Zukunft sein könnte! Dabei kommt es keineswegs darauf an, auf Teufel komm raus zu kündigen und ein eigenes Geschäft aufzuziehen. Vielmehr geht es mir um den Systemwechsel weg von der Zwangsbesteuerung.

Es ist ganz entscheidend für die Verbesserung der persönlichen Finanzlage, aus dieser starren Struktur auszubrechen. Wer hier nicht umsteuern kann oder will, verschenkt jedes Jahr einen erheblichen Geldbetrag an den Staat. Dabei gibt es ein Trostpflaster für Arbeitnehmer: Vermögenswerte wie Immobilien oder Aktien lassen sich auch im Fall einer abhängigen Beschäftigung steuerlich weitaus besser behandeln, wie wir im weiteren Verlauf des Buches sehen werden. Dessen ungeachtet möchte ich es nochmals deutlich betonen: Möglichkeiten des Vermögensaufbaus bieten sich vor allem für Selbständige und Unternehmer, Arbeitnehmer schauen steuerlich gesehen häufig in die Röhre. Wer sich vom Fiskus ungerecht behandelt fühlt, sollte daher genau über seine persönliche Situation nachdenken. Gerade bei Personen mit einem hohen Einkommen und folglich auch einer enormen Steuer- und Abgabenlast sitzt erfahrungsgemäß der tiefste Groll über den Fiskus. Doch genau diese Gruppe ist es auch, die über das größte berufliche Know-how verfügt und deshalb nach Alternativen suchen kann. Vielfach ist es möglich, aus einer angestellten Tätigkeit eine selbständige zu machen. Auch lassen sich die Vorteile einer unternehmerischen Tätigkeit selbstverständlich nebenberuflich nutzen. An dieser Stelle soll keine diesbezügliche Gründerberatung stattfinden – die entsprechenden Stellen existieren in Hülle und Fülle –, hier geht es ausschließlich darum, das Bewusstsein für die beruflichen Möglichkeiten zu schärfen. Denken Sie einmal darüber nach!

Nur wie funktioniert dieser Systemwechsel genau, wie senken wir die Steuern- und Abgabenlast nachhaltig? Und wie erarbeiten wir uns damit ein Vermögen? Lassen Sie uns im nächsten Abschnitt die Regeln des Fiskus genauer anschauen. Dabei werden wir sehen, wie komplex unser Steuerrecht ist. Doch werden wir genauso sehen, dass das Spiel mit diesen Regeln Spaß macht – wenn man es beherrscht. Ganz besonders kommt es darauf an, vom Anspruchsdenken wegzukommen und den Gedanken zu vergessen, der Staat, die Versicherung oder die Bank müsse die Geld-Zügel in die Hand nehmen. Jeder muss selbst die Verantwortung übernehmen und über sein Geld bestimmen. Darum geht es in der hier beschriebenen Strategie. In den nächsten Kapiteln werde ich detailliert aufzeigen, in welche Schritte sich der Weg zu einem eigenen Vermögen aufteilen lässt. Zuerst sollte – sofern noch nicht vorhanden – die Gründung einer Kapitalgesellschaft erfolgen. Damit stehen die nötigen Voraussetzungen für den nächsten Schritt, der Verlagerung unseres Geschäfts in diese Gesellschaft und der Inanspruchnahme aller damit verbundenen Möglichkeiten.

Da Arbeitnehmer der hohen Steuer- und Abgabenlast kaum entfliehen können, empfehlen sich ein Systemwechsel und die Gründung einer Kapitalgesellschaft. Dann lassen sich 15 Prozent der bisherigen Abzüge einsparen. Als Voraussetzung sollte ein Unternehmer jedoch mindestens 40.000 Euro pro Jahr verdienen, darunter lohnt sich der Umstieg nicht.

ABSCHNITT 2:

Wie Sie reich werden

Mit der Steuer-Strategie zu Reichtum und Wohlstand

Übernehmen Sie die Kontrolle über Ihre Steuern

Wer seine berufliche Tätigkeit – also den Gelderwerb – sowie den persönlichen Vermögensaufbau in eine Kapitalgesellschaft verlagert, steigt weitgehend aus den erwähnten Zwängen aus und schafft sich Gestaltungsspielraum. Dabei entscheidet die Konzeption dieser Kapitalgesellschaft über die Erfolgsaussichten der Strategie. Als Gesellschaftsform in Frage kommen die GmbH (Gesellschaft mit beschränkter Haftung) und die AG (Aktiengesellschaft). In unserer schrittweisen Vorgehensweise spielt die AG zunächst einmal keine Rolle. Sie ist für kleine Unternehmen schlicht zu umständlich, das umfangreiche Aktiengesetz enthält sehr viele kostspielige Pflichten. Dagegen lässt sich eine GmbH relativ einfach gründen, ist einfacher zu handhaben und bietet steuerlich gesehen dieselben Vorteile. In den vergangenen Jahren wurde noch die UG (Unternehmergesellschaft, haftungsbeschränkt) eingeführt. Diese Gesellschaft ist rechtlich gesehen auch als GmbH einzuordnen, hat aber weniger Stammkapital und muss mehr Regeln einhalten. Als Vorteil der UG wird gelegentlich angeführt, dass diese weniger Kapital bindet. Aber Achtung: UG muss auf jedem Briefbogen stehen und bedeutet im Geschäftsleben so viel wie: Ich habe kein Geld. Zudem ist die UG gesetzlich verpflichtet, einen Teil der Gewinne einzubehalten[6]. Der UG-Eigner kann also nicht frei über sein Geld verfügen. Und einmal ehrlich: Wie sollen Sie ohne Geld eine Firma zum Laufen bringen? Die UG bietet daher keinen guten Start zum Aufbau eines vertrauenerweckenden Geschäfts.

„Eine UG ist keine gute Wahl."

Aus finanzieller und praktischer Sicht empfehle ich daher, eine „richtige" GmbH zu gründen. Dazu sind mehrere Gründungsschritte erforderlich. Zunächst einmal gehören die gesetzlich vorgeschriebenen 25.000 Euro Stammkapital dazu. Dabei kommt es darauf an, dieses Stammkapital vollständig in die GmbH einzuzahlen. Es ist zwar gesetzlich erlaubt, nur einen Teil einzuzahlen, ich rate in der Regel jedoch aus zwei Gründen davon ab: Erstens ist die Haftungsbeschränkung dann nicht ein für alle Mal erledigt und zweitens macht es sich in der Bilanz der Firma nicht gut. Schließlich stellen 25.000 Euro keine exorbitant große Summe dar und die allermeisten Unternehmen benötigen dieses Geld ohnehin, um ihr Geschäft in Gang zu bringen. Wichtig: Das Geld ist nicht „weg", denn das Stammkapital muss nicht in der GmbH verbleiben. Es ist lediglich buchhalterisch auf der Passivseite (die Schuldenseite) der Bilanz gefangen. Faktisch fließt das Geld auf ein Bankkonto der GmbH und wird auf die Aktivseite (das Vermögen) gebucht. Der Betrag lässt sich dann unmittelbar nach der Gründung für die Zwecke der GmbH verwenden, also etwa für den Einkauf von Waren, die Anmietung von Räumen, Marketing und so weiter. Untersagt ist es lediglich, die Stammeinlage an den Gesellschafter wieder zurückzubezahlen (auszuschütten). Dieser kann aber durchaus das Geld für die Zwecke der GmbH verwenden. Die Vorstellung, jede GmbH hätte irgendwo ein (Sperr-)Konto mit dem Stammkapital, stimmt glücklicherweise nicht.

Noch kurz zur Haftung: Grundsätzlich schließt das GmbH-Recht die persönliche Haftung der Gesellschafter mit ihrem Privatvermögen aus. Die GmbH hingegen haftet mit ihrem gesamten Vermögen, darum müsste sie eigentlich „Gesellschaft mit unbeschränkter Haftung" heißen. Beschränkt ist lediglich die Haftung der Gesellschafter. Haben die Gesellschafter einmal ihre Einlage korrekt einbezahlt, dann erlischt deren Haftung für immer. Ausnahmen gibt es nur für Kriminelle. Weil die Haftungsbegrenzung einen wesentlichen Vorteil der Kapitalgesellschaft darstellt, sollte die Gründung absolut regelkonform erfolgen. Wenig sinnvoll ist es zudem, mehr als die 25.000 Euro

Stammeinlage in die GmbH einzubringen. Denn dann ist das Geld in der Firma „gefangen“ und lässt sich nicht anderweitig nutzen. Wer mehr Geld in der GmbH braucht, überlässt dies lieber per Darlehen. Doch dazu später mehr.

Neben der Einzahlung des Stammkapitals fällt auch die Ernennung eines oder mehrerer Geschäftsführer in die Startphase. Festgelegt werden muss, ob die Geschäftsführer die GmbH alleine, nur zu zweit oder zusammen mit einem Prokuristen vertreten dürfen. Alle nötigen Regelungen gehören in den Gesellschaftsvertrag (oder die Satzung), das Grundgesetz der GmbH. Dieses Papier beschreibt den Zweck der GmbH, ob das Geschäftsjahr mit dem Kalenderjahr übereinstimmt oder davon abweicht und wie die Gewinnverteilung erfolgen soll. Die Satzung kann auch Regelungen für das Verhältnis der Gesellschafter untereinander enthalten. Eine Familien-GmbH zum Beispiel wird vermutlich die Veräußerung von Geschäftsanteilen an Bedingungen knüpfen oder anderweitig einschränken. Damit lässt sich sicherstellen, dass nur Familienmitglieder Gesellschafter sein können. Auch die mögliche Auflösung der GmbH sollte in der Satzung geregelt sein. Ganz wichtig für jeden einzelnen Gesellschafter und Geschäftsführer: Keiner darf bei einem Vertrag gleichzeitig sich selbst und einen Dritten vertreten; das steht in § 181 des BGB. Der Fachbegriff hierfür lautet Selbstkontrahierungsverbot. Bei der Bestellung eines Geschäftsführers sollte daher darauf geachtet werden, dass dieser von den Beschränkungen des § 181 BGB entbunden wird, so dass er zugleich im eigenen Namen und im Namen eines Dritten Rechtsgeschäfte abschließen darf. Diese Regel zählt, weil der Geschäftsführer zum Beispiel seinen eigenen Arbeitsvertrag für die GmbH unterschreiben muss, dieser käme sonst nicht zu Stande. Die Aufhebung dieser Beschränkung muss bei der Geschäftsführerbestellung dokumentiert werden und Niederschlag im Handelsregister finden. Unterbleibt dies, sind die Verträge im Sinne meiner Strategie steuerlich nicht wirksam.

Nicht ganz so zentral, doch oftmals von Belang ist es, das Wettbewerbsverbot des Gesellschafters in der Satzung aufzuheben. Will ein Gesellschafter aus steuerlichen Gründen das Geschäft seiner GmbH in bestimmtem Rahmen auch als Einzelunternehmer durchführen, dürfte er dies nicht wegen der gesellschaftsrechtlichen Treuepflicht. Eine Satzungsbestimmung kann derartige Geschäfte dennoch erlauben. Fehlt diese Aufhebung, gelten zudem die Einnahmen als Einzelunternehmer steuerlich gesehen als verdeckte Gewinnausschüttung der GmbH und ziehen hohe Steuerforderungen nach sich.

Der gesamte Gründungsprozess erzeugt selbstverständlich Kosten und die Kosten einer GmbH-Gründung lassen sich mit den Kosten für die Geburt eines Kindes vergleichen. Diese Kosten müssen die Eltern übernehmen, nicht das Kind. Ebenso ist es bei der GmbH: die Gründungskosten übernehmen der oder die Gründer der GmbH. Allerdings lassen sich diese zu einem Teil in die GmbH verlagern und damit steuerlich geltend machen. Voraussetzung dafür ist, dass dies in der Satzung so festgelegt wurde. Die Satzung muss aber eine Höchstgrenze festlegen, bis zu der Gründungskosten von der GmbH selbst übernommen werden.

Rechtskräftig wird eine Gründung der GmbH jedoch erst mit Beurkundung des Gesellschaftsvertrages durch einen Notar, allerdings noch mit dem Zusatz i. G. – in Gründung. Nach dem Notartermin gehen die Gründer mit der Satzung zur Bank und eröffnen ein Bankkonto auf den Namen der GmbH. Auf dieses sind nun die Stammeinlagen einzuzahlen. Dabei kann eine GmbH mit 25.000 Euro Stammkapital einen Geschäftsanteil umfassen, aber auch mehrere Anteile mit einem Gesamtwert von 25.000 Euro. Denkbar ist es zudem, 25.000 Anteile zu je einen Euro auszugeben. Das hat den Vorteil, in der Zukunft maximal flexibel zu sein.

Einzubringen ist dieser Betrag in Form einer Bargründung oder einer Sachgründung. Im Fall einer Bargründung muss der Betrag auf das Konto der zukünftigen GmbH eingezahlt (oder überwiesen) werden. Anstelle einer Bargründung ist übrigens auch eine Sachgründung möglich. Dabei wird das Stammkapital nicht in Form von Geld, sondern in Form von Vermögenswerten erbracht, etwa in Wertpapieren[7]. Wie wir noch sehen werden, ergibt es durchaus Sinn, Aktien in der GmbH zu halten. Wer über ein entsprechendes Depot verfügt, kann dieses in Höhe von 25.000 Euro als Stammeinlage nutzen. Von Aktien oder anderen Wertpapieren abgesehen, sind Sachgründungen in der Regel zu vermeiden. Sie verkomplizieren den Gründungsprozess meist erheblich, weil sie es beispielsweise erfordern, die Sachwerte im Vertrag exakt zu beschreiben und zu schätzen sowie einen Sachgründungsbericht zu schreiben. Wer hier einen falschen Wert ansetzt, kommt nicht in den Genuss der Haftungsbeschränkung und die Gründer müssen meist teure Gutachter einschalten, um den Wert der Stammeinlage einzuschätzen. Ein möglicher Insolvenzverwalter könnte in solchen Fällen noch nach Jahren auf das Geld der Gründungsgesellschafter zurückgreifen. Das könnte sogar dann passieren, wenn diese schon lange keine Gesellschafter mehr sind und an eine mögliche Haftung gar nicht mehr denken.

„Sachgründungen sind meist zu vermeiden."

Parallel zum Gründungsprozess erfolgt die Anmeldung der GmbH beim Finanzamt mit gleichzeitiger Beantragung der Steuernummer. Für diesen Schritt ist lediglich ein sehr ausführlicher Fragebogen auszufüllen. Einige Fragen beziehen sich dabei auf zukünftige Erwartungen des Gründers, etwa in Bezug auf Umsatz und Gewinn. Wer hier in seiner Gründungseuphorie zu hohe Zahlen schätzt, kann übrigens böse auf die Nase fallen. In solchen Fällen setzt das Finanzamt oft hohe Steuervorauszahlungen fest, bevor ein einziger Euro verdient wurde. Besser ist es daher, den Gründungfragebogen nur mit einem erfahrenen Steuerberater auszufüllen.

Erst mit Eintragung ins Handelsregister verschwindet das i.G. und die GmbH entsteht als juristische Person mit Handelsregisternummer und ist voll geschäftsfähig. Erst jetzt gilt die Haftungsbeschränkung. Vorsicht, bis zu diesem Zeitpunkt haften die Gesellschafter noch persönlich. Ist die GmbH ins Handelsregister eingetragen, kann sie ihren Geschäftsbetrieb aufnehmen. Geschäfte vor der Eintragung sind abzulehnen. Zum einen würden diese das Stammkapital angreifen, was vor der Eintragung nicht sein darf. Zum anderen haften die Handelnden für alle Geschäfte, die vor Eintragung der GmbH ins Handelsregister vorgenommen werden. Diese Haftung entfällt – rückwirkend – mit der Eintragung. Daher haben alle Beteiligten ein großes Interesse daran, die Eintragung möglichst zügig voranzutreiben. Über den Daumen gerechnet benötigt dieser Gründungsprozess, sofern alles gut vorbereitet ist, zwei bis drei Wochen.

Nach Eintragung der GmbH ins Handelsregister können die Geschäftsführer mit den 25.000 Euro Stammkapital die ersten Geschäfte abwickeln. Es ist also nicht nötig, dieses Geld auf dem Konto zu belassen. Im Gegenteil, mit diesem Geld soll gearbeitet werden. Damit lassen sich beispielsweise Maschinen kaufen oder Handelswaren, ein Computer oder ein Firmenwagen. Auch die laufenden Kosten der GmbH wie Miete oder Gehälter können mit dem Gründungskapital bezahlt werden. Das Stammkapital finanziert alles, was die GmbH für ihre Geschäfte benötigt. Noch ein Wort zu Käufen in der Startphase: Im ersten Jahr darf die GmbH Gegenstände von allen möglichen Anbietern kaufen, nur nicht von den Gründern. Derartige Käufe sehen die Gerichte als Umgehung der strengen Vorschriften für eine Sachgründung und werten Käufe von den Gründern als „verschleierte Sachgründung". Konsequenz ist der Verlust des Haftungsprivilegs. Also kaufen Sie im ersten Jahr nach der Gründung nichts von den Gründungsgesellschaftern.

Bereits ab der Gründung (Notartermin) darf die GmbH Rechnungen schreiben und Geld verdienen (die Steuernummer kann den Kunden notfalls noch später nachgereicht werden). Doch Achtung! Das eingenommene Geld gehört der GmbH, nicht dem Gesellschafter oder Geschäftsführer. Meine Strategie geht sogar davon aus, diesen Zustand sogar so weit wie möglich beizubehalten und das Geld eben nicht aus der Firma herauszunehmen. Bei dieser Gelegenheit möchte ich betonen, dass ich den Begriff „Geld haben" anders auslege als gemeinhin üblich. Es ist aus meiner Sicht nicht nötig, das Geld auf dem eigenen Konto zu wissen. Es genügt vielmehr, darüber verfügen zu können. Und genau darauf baut deshalb meine Strategie. Sie nutzt es aus, dass sich Finanzen in einer Kapitalgesellschaft vorteilhafter regeln lassen als im Fall einer Privatperson, und sie geht davon aus, dass die Kontrolle über die Finanzen genügt.

„Ich muss nicht alles besitzen,
solange ich die Kontrolle darüber ausübe."

Hier dürften wir für viele Leser nun zu einem zentralen Punkt des Umdenkens kommen. Fragen wir uns also, wem das Geld in der GmbH gehört. Der natürliche Instinkt sagt vielen Menschen, dass sie alles selbst besitzen möchten. Die Strategien vieler reicher Menschen setzen die Prioritäten jedoch anders. Deren Vermögen in eigenem Namen fällt oft sehr überschaubar aus, sie kontrollieren jedoch Firmen, Stiftungen usw. Fragen Sie sich also: Reicht es Ihnen auch, wenn Sie die Kontrolle über das Vermögen behalten? Können Sie sich damit anfreunden, dass beispielsweise Ihr Wertpapierdepot nicht auf Ihren Namen lautet, sondern auf den der Firma? Dann haben Sie das nötige Umdenken bereits vollzogen und können weitaus leichter zu Reichtum und Wohlstand kommen. Wenn Sie nicht am unmittelbaren Eigentum von Geld hängen, können Sie Ihre Steuern reduzieren und mehr von Ihrem Geld behalten.

Wie aber gelangt der Gesellschafter an das Geld seiner Firma, an Geld, das ihm nicht gehört? Lässt sich dieses Geld überhaupt privat nutzen? Diese Fragen höre ist sehr oft. Wer meine Strategie verstanden hat, weiß jedoch, dass auch die Vermögenswerte in der Firma den eigenen Zielen und Wünschen dienen. Schließlich entscheidet ausschließlich der Gesellschafter, was mit diesem Geld passiert. Er kontrolliert das Geld „seiner" GmbH und nutzt es beispielsweise für die eigene Vorsorge. Warum es sinnvoller ist, Geld in der Firma zu belassen, werde ich noch ausführlich darlegen. Es gibt aber auch Möglichkeiten, Geld für private Zwecke aus der GmbH zu entnehmen: Als Gehalt (dann fällt Lohnsteuer an), als Darlehen (es besteht keine Steuerbelastung, Zinsen und Tilgung gehen jedoch an die GmbH) und als Gewinnausschüttung (dann fällt Einkommensteuer mit einem reduzierten Satz an).

Ab einem Jahreseinkommen von 40.000 Euro lohnt sich die Gründung einer Kapitalgesellschaft. Die Gründungsphase stellt bereits wichtige Weichen für die geschäftlichen Möglichkeiten der Firma und sie erfordert zudem eine exakte Vorbereitung der einzelnen Schritte. Ganz besonders wichtig dabei ist, die Stammeinlage komplett und bar einzuzahlen.

Der Start der Kapitalgesellschaft

Bei der Gründung einer Kapitalgesellschaft geht es längst nicht nur um die beschriebenen Formalitäten. Meine Strategie zielt darauf ab, bereits diese Gründung steuerlich optimal durchzuführen. Denn wie wir sehen werden, bietet schon der Gründungsprozess erheblichen Spielraum. Außerdem hat der Fiskus viele Regelungen so gestaltet, dass sie Anknüpfungspunkte für die Vermögensbildung im Rahmen der Gründung bereithalten. Diese Möglichkeiten stehen vor allem demjenigen offen, der ein bestehendes Geschäft in die neue GmbH einbringen möchte. Das kann der hauptberufliche Broterwerb des Einzelunternehmers sein, aber auch der Nebenjob des Angestellten. In den meisten Fällen soll diese Geschäftstätigkeit als GmbH fortgeführt werden, es ist also ein Übergang zwischen diesen zwei Gesellschaftsformen notwendig. Dieser Übergang lässt sich am besten in Form eines Verkaufs erledigen, die neue GmbH kauft das Einzelunternehmen oder die GbR mit allen dazugehörigen Werten, Wirtschaftsgütern, Anlagen usw. Der Kaufpreis beinhaltet damit etwa Stühle, Tische, Computer und den Firmenwert.

EINZELUNTERNEHMEN — **VERKAUF** → **GMBH**
inkl. aller Wirtschaftsgüter

Dabei ist zu beachten, dass die Güter des Einzelunternehmens nicht zum Neupreis verkauft werden können, der PC zu 800 Euro wäre nach zwei Jahren Benutzung selbstverständlich keine 800 Euro mehr wert. Bei dem Verkauf müssen wir handeln, wie ein fremder Dritter handeln würde – das verlangt das Steuergesetz.

Der Kaufpreis

Die Steuergesetze schreiben vor, dass wir beim Verkauf des Einzelunternehmens den jeweiligen Marktpreis der vorhandenen Wirtschaftsgüter ansetzen, also den Wert, den auch ein fremder Dritter bezahlen würde. Was einfach klingt, konfrontiert viele Verkäufer in Wirklichkeit mit zahlreichen Hürden. Denn oft lässt sich dieser Wert nicht so ohne weiteres ermitteln. Werfen wir zur Verdeutlichung einen Blick auf Peters Freund Albert. Albert will die hohen Abzüge, wie Peter sie hat, nicht ewig hinnehmen. Auch gefällt ihm unsere Strategie, weil er schon eine Weile als Freiberufler erfolgreich arbeitet. Deshalb möchte er sein (freiberufliches) Einzelunternehmen an seine GmbH verkaufen. Um den Kaufpreis festlegen zu können, stellt Albert zunächst eine Liste der vorhandenen Wirtschaftsgüter auf und setzt jeweils den aktuellen Marktpreis (für die gebrauchten Gegenstände) an. Diese Preise bergen erfahrungsgemäß erheblichen Sprengstoff und es kam schon häufig zu Auseinandersetzungen mit den Finanzämtern. Wer die Preise zu hoch festsetzt, betrügt die GmbH und muss mit hässlichen rechtlichen und steuerlichen Konsequenzen leben. Ein zu gering kalkulierter Preis führt jedoch dazu, dass die GmbH zu wenig Geld bezahlt. Ich empfehle deshalb, sich an den bei eBay zu erzielenden Preisen zu orientieren. Diese Methode lässt sich ohne größeren Aufwand verwirklichen und es ist sogar eine Beweissicherung möglich, indem das Ergebnis von Auktionen ähnlicher Gegenstände ausgedruckt und archiviert wird. Im Fall von Kraftfahrzeugen oder Immobilien lassen sich zudem Wertgutachten erstellen, die dann in die Geschäftsunterlagen Eingang finden. Besonders knifflig wird die Bewertung beim Firmenwert, also dem Wert des Kundenstamms, des eingerichteten Geschäftsbetriebs und der Geschäftschancen. Auch hier wird oft eine professionelle Bewertung erforderlich sein. Soviel zum für den Verkauf relevanten Marktpreis.

Allerdings spielt dieser für die Buchhaltung des Einzelunternehmens keine Rolle. Bei diesem wurden alle Wirtschaftsgüter zum Kaufzeitpunkt mit den Anschaffungskosten eingebucht und dann über die bereits vergangene Nutzungsdauer abgeschrieben. Ergebnis – und in der Bilanz vermerkt – ist der Buchwert. Dieses Thema klären wir noch ausführlich, für den Augenblick genügt es jedoch, zu wissen, dass Anschaffungskosten minus Abschreibung den Buchwert ergeben. Aufgrund der unterschiedlichen Bewertung in Buchwert und Marktpreis muss Albert für die Rechnung beim Verkauf mit gleich vier verschiedenen Werten rechnen.

Gegenstand	Alter	Anschaffungskosten	Nutzungsdauer	Buchwert	Marktpreis	stille Reserve
Büromöbel	5 J.	5.000 €	10 Jahre	2.500 €	400 €	- 2.100 €
Firmenwagen	1 J.	20.000 €	6 Jahre	16.667 €	14.000 €	- 2.667 €
Computer mit Drucker	1 M.	2.000 €	3 Jahre	1.944 €	1.200 €	- 744 €
Smartphone	1 J.	400 €	1 Jahr	1 €	200 €	199 €
GESAMT		**27.400 €**		**21.112 €**	**15.800 €**	**- 5.312 €**

Die Berechnung zeigt sehr deutlich, dass der Buchwert nur in ganz wenigen Fällen dem Marktwert entspricht, den Albert erzielen könnte. Die rechtlichen Vorgaben bestimmen jedoch, dass die GmbH Wirtschaftsgüter nur zu solchen Preisen kaufen kann, die auch ein fremder Dritter bezahlen würde. Kein Fremder aber würde die künstlichen Buchwerte bezahlen, als Verkaufspreis gilt deshalb der real erzielbare Marktpreis. Liegt dieser Marktpreis über dem Buchwert, sind stille Reserven vorhanden (wie beim Smartphone), ein geringerer Marktpreis bedeutet stille Lasten (Büromöbel, Fahrzeug und Computer). Nehmen wir an, Albert möchte sein Einzelunternehmen für 40.000 Euro an seine neu gegründete GmbH verkaufen, weil er diesen Preis für angemessen hält. Der vom Fiskus festgesetzte Buchwert beträgt jedoch nur 21.112 Euro, die Differenz von 18.888 Euro ist der Gewinn bei der Veräußerung des Einzelunternehmens.

Die Berechnung sieht wie folgt aus:

Gegenstand	Alter	Anschaffungs-kosten	Nutzungs-dauer	Buchwert	Marktpreis	stille Reserve
Büromöbel	5 J.	5.000 €	10 Jahre	2.500 €	400 €	- 2.100 €
Firmenwagen	1 J.	20.000 €	6 Jahre	16.667 €	14.000 €	- 2.667 €
Computer mit Drucker	1 M.	2.000 €	3 Jahre	1.944 €	1.200 €	- 744 €
Smartphone	1 J.	400 €	1 Jahr	1 €	200 €	199 €
Firmenwert			**15 Jahre**	**0 €**	**24.200 €**	**24.200 €**
Gesamt		**27.400 €**		**21.112 €**	**40.000 €**	**18.888 €**

Der Kaufpreis für das Unternehmen setzt sich also aus den Marktpreisen der verkauften Gegenstände und dem Firmenwert zusammen. Weil der Firmenwert einen Buchwert von null hat, zählt er komplett zu den stillen Reserven.

„Der Firmenwert hat einen Buchwert von null."

Warum zählt der Buchwert des Firmenwerts als null? Ein laufendes Geschäft verfügt über viele Werte, etwa über den Wert der Kundenbeziehungen. Vielleicht gibt es sogar laufende Abnahme- oder Dienstleistungsverträge, die auf die GmbH übergehen sollen. Dafür lässt sich immer ein (fiktiver oder wahrscheinlicher) Wert bestimmen. Aber ein Buchwert? Diese Rechnung funktioniert nicht, weil nur dann ein Betrag ansetzbar ist, wenn für den Gegenstand etwas bezahlt wurde. Und die Kundenbeziehungen wurden ja nicht gekauft, sondern (in der Regel) selbst geschaffen. Gerade Kundenbeziehungen lassen sich nur sehr schwer in ihrem konkreten Wert schätzen. Aufgrund dieser komplexen Bewertungssituation lässt sich der Firmenwert höchstens aus dem Gewinn des Unternehmens ableiten und sollte gut begründbar sein. Es lohnt sich daher in der Regel, den Wert der Firma professionell bewerten zu lassen. Weil keine Schwacke-Tabelle für Firmenwerte verfügbar ist, kommt es darauf an, den Beurteilungsspielraum optimal auszunutzen.

Steuerlich gesehen spielt die optimale Festsetzung der genannten Werte eine große Rolle. Warum? Die Differenz zwischen Buchwert und stillen Reserven ergibt Alberts Gewinn, den er beim Verkauf seines Einzelunternehmens erzielt. Diesen Gewinn muss er versteuern und bezahlt dafür Einkommensteuer. Wie wir in der obigen Rechnung gesehen haben, kommt Albert auf einen Buchwert seines Einzelunternehmens von insgesamt 21.112 Euro und setzt einen Verkaufspreis von 40.000 Euro an. Er erzielt also einen Gewinn von 18.888 Euro.

EINZELUNTERNEHMEN	**BUCHWERT**	**21.112 €**	
VERKAUF	**ZUM MARKTPREIS**		**+ 15.800 €**
GMBH	**VERKAUFSPREIS**	**40.000 €**	
FIRMENWERT			**+ 24.200 €**
			= 40.000 €

Wichtig ist es in jedem Fall, den Firmenwert realistisch festzusetzen. Wer jahrelang nur Verluste geschrieben hat, kann in der Regel keine sechsstelligen Summen erzielen. Doch selbstverständlich kennt der zuständige Finanzbeamte den Firmenwert noch weniger als der Unternehmer und realistische Vorschläge werden meist akzeptiert. Wer unsicher ist oder wenn es um sehr viel Geld geht, sollte auf externe Fachleute zurückgreifen. Diese erstellen ein Gutachten über den Firmenwert und begründen die Rechnung für das Finanzamt plausibel. Zudem ist festzuhalten, dass im Firmenwert immer eine stille Reserve steckt. Streng genommen ist der gesamte Firmenwert als stille Reserve anzusehen, da nichts dafür bezahlt wurde. Wie auch immer die konkrete Rechnung aussieht, am Ende steht ein Betrag, den die GmbH für das Einzelunternehmen bezahlt.

Die steuerliche Sicht des Verkäufers

Selbstverständlich will sich der Fiskus seinen Anteil auch bei Unternehmensverkäufen sichern. Als Besteuerungsgrundlage gilt der Gewinn beim Verkauf. Dieser ergibt sich aus der bereits erläuterten Differenz von Verkaufspreis minus Buchwert. Ein solcher Verkauf gilt in unserem Fall als Betriebsaufgabe, schließlich wird das Geschäft in seiner bisherigen Form nicht weitergeführt. Betriebsaufgaben sind steuerbegünstigt und der Fiskus bietet uns zwei unterschiedliche, günstige Vorgehensweisen. Ist der Verkäufer über 55 Jahre alt und verkauft zum ersten Mal ein Unternehmen, dann gelten ein Freibetrag von 45.000 Euro und ein reduzierter Steuersatz von rund 27 Prozent auf diesen Gewinn[8]. Erfüllt der Verkäufer diese beiden Bedingungen nicht, dann greift die sogenannte Fünftelungsmethode. Dazu teilt der Fiskus den Gewinn durch fünf und multipliziert die nach Steuertabelle auf ein Fünftel anfallende Steuer mit fünf. Und dieses Prinzip werden wir selbstverständlich ausnutzen! Laut Steuertabelle gilt für Einkünfte von bis zu 8.000 Euro ein Steuersatz von null. Multiplizieren wir null mit fünf, bleibt das Ergebnis null. Steuerlich gesehen ist deshalb ein Gewinn beim Verkauf des Einzelunternehmens optimal, der bei 40.000 Euro liegt – berechnet aus den steuerfreien 8.000 Euro mal fünf. Bei Verheirateten gilt hier sogar eine Höhe von 80.000 Euro. Selbstverständlich lassen sich Versicherungen oder andere Sonderausgaben vom Gewinn abziehen, so dass diese Schwelle noch weiter nach oben wandert.

Die Steuertabelle

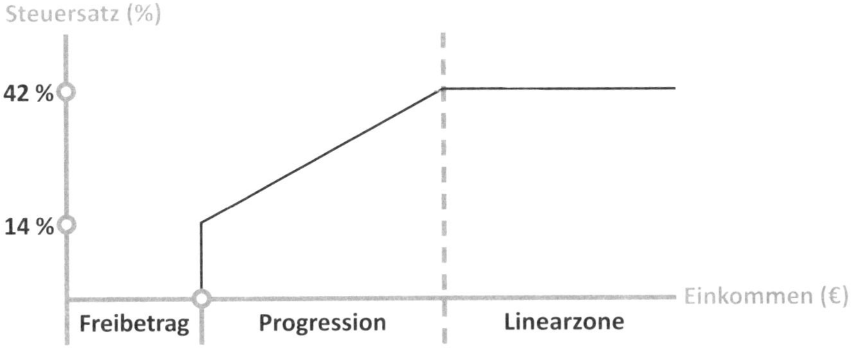

Was wir hier tun, ist ganz einfach: Wir verfünffachen den geltenden Freibetrag, indem wir die Höhe des Verkaufspreises steueroptimal ansetzen. Das heißt natürlich auch, der Verkäufer darf kein anderes Einkommen im Jahr des Verkaufs erzielen. Dieses würde die Voraussetzung für die Inanspruchnahme dieses Freibetrags zunichtemachen. Ist bereits ein Einkommen von beispielsweise 15.000 Euro aufgelaufen, addiert das Finanzamt die 8.000 Euro und legt den Satz zugrunde, der bei Einkommen von 23.000 Euro gilt. Auf gut deutsch: Die Betriebsaufgabenbesteuerung ist dann besonders sinnvoll, wenn im jeweiligen Jahr kein anderes Einkommen mehr aufläuft. Dann ist es also Glückssache, welche Steuern anfallen, weil wir nicht wissen, was wir verdienen? Selbstverständlich nicht, denn meine Strategie heißt ja Steuern steuern und genau das tun wir auch hier wieder.

Der optimale Verkaufszeitpunkt

Der Jahresverdienst eines Einzelunternehmers lässt sich mit einem einfachen Trick zuverlässig auf null begrenzen: Wir beenden die einzelunternehmerische Tätigkeit gleich zu Jahresbeginn, bevor überhaupt Einkünfte angefallen sind. Diese Strategie lässt sich problemlos umsetzen, weil jeder Unternehmer selbst entscheidet, wann er seine Firma an die GmbH (die vorher gegründet sein muss) verkauft. Als optimaler Verkaufszeitpunkt bietet sich deshalb meist der 2. Januar an. Warum nicht gleich Neujahr? Ganz einfach, der 1. ist ein Feiertag und außerdem kam es sogar schon vor, dass nach der Uhrzeit des Verkaufs gefragt wurde, schließlich grenzt Neujahr direkt an das Vorjahr. Selbstverständlich können viele Unternehmer auch später verkaufen, nämlich genau dann, wenn sie im jeweiligen Jahr noch kein Einkommen erzielt haben. Generell gilt jedoch, dass die GmbH bereits vor dem Verkaufszeitpunkt gegründet sein muss – in der Regel also im Vorjahr. Darauf kommt es an, um die formalen Schritte zu Geschäftsjahresbeginn schnell absolvieren zu können und andere Einkünfte aus der einzelunternehmerischen Tätigkeit zu vermeiden.

Doch dauert das Jahr am 2. Januar noch weitere knapp zwölf Monate, die ebenso den Freibetrag beeinflussen können. In dieser Zeit wollen wir einerseits nicht von Luft und Liebe leben, andererseits aber keine steuerlich relevanten Einkünfte erzielen. Gehaltszahlungen sind deshalb zu vermeiden, diese würden den unter der Steuergrenze von 8.000 Euro liegenden Verkaufsgewinn unweigerlich nach oben und damit in steuerpflichtige Regionen treiben. Diese Klippe lässt sich umschiffen, wenn die Situation der GmbH bei Gründung mit in die Betrachtung einfließt. Diese kann im Moment der Gründung den Kaufpreis für das Unternehmen nicht bezahlen – also etwa die 40.000 Euro – da sie höchstens über eine Stammeinlage von 25.000 Euro verfügt. Ist sie dann nicht bereits im Moment der Gründung pleite? Nein, denn die neu gegründete GmbH verfügt nun über die Werte des Einzelunternehmens. Steuerlich relevant für den Gründer ist hier nur, dass sie den Kaufpreis nicht bar bezahlen kann. Der Kaufvertrag muss also andere Möglichkeiten der Zahlung gestatten. So kann der Gründer beispielsweise vereinbaren, 25.000 Euro sofort zu kassieren, schließlich befindet sich dieser Betrag auf dem Konto. Für den Restbetrag lässt sich Ratenzahlung vereinbaren, der Verkäufer streckt der Firma also das Geld vor und diese bucht es auf ihrem Konto als Darlehen des Verkäufers. Jede Zahlung der GmbH an den Verkäufer verringert dann dieses Darlehen. Die Zahlungen lassen sich beispielsweise so gestalten, dass der Kaufpreis innerhalb eines Jahres in 12 Raten beglichen wird. Der Clou: 12 Monate lang erhält der Verkäufer steuerlich gesehen also kein Gehalt, die GmbH bezahlt lediglich das Darlehen zurück.

Auch hier bietet meine Strategie wieder den maximalen Gestaltungsspielraum. Ich gestalte derartige Darlehensverträge zum Beispiel nach dem Vorbild der Kontokorrentkredite einer Bank. Damit ist es möglich, jeweils so viel Geld vom Darlehen abzuziehen, wie für den persönlichen Bedarf nötig ist. Der Darlehensgeber (ja, das sind Sie) sollte dafür sogar Zinsen von seiner GmbH verlangen, schließlich würde man auch keinem Fremden Geld zinslos überlassen. Aber Vorsicht: Die Zinsen dürfen nicht im ersten Jahr fällig werden, diese würden sonst zum Einkommen zählen und die Null-Steuer-Strategie durchkreuzen. In den Darlehensvertrag gehört daher ein Passus, wonach die Zinsen erst im nächsten Jahr fällig werden. Vorsicht ist auch bei Einkünften aus anderen Quellen angebracht. Wer zum Beispiel eine vermietete Wohnung besitzt, muss deren Einkünfte mit Ausgaben kompensieren, also etwa renovieren. Wenn der Ehepartner eigene Einkünfte hat, muss man die getrennte Veranlagung in Erwägung ziehen, damit die Einkünfte des Partners nicht die Freibeträge vernichten. Arbeitet der Ehepartner hingegen nicht, können durch die Zusammenveranlagung die doppelten Freibeträge genutzt werden. Mit Hilfe derartiger Maßnahmen lässt sich zuverlässig vermeiden, dass im Jahr des Verkaufs noch weitere Einkünfte anfallen, und wir können tatsächlich bis zu 40.000 Euro steuerfrei vereinnahmen.

„Im Jahr des Kaufs gilt die Null-Steuer-Strategie."

Im zweiten Jahr kann dann die reguläre Gehaltszahlung beginnen und deren Höhe sollte sich am persönlichen Bedarf orientieren. Allerdings gilt es, zuvor einen Blick auf das Darlehenskonto zu werfen. Vielleicht war es gar nicht erforderlich, das Darlehen im ersten Jahr komplett zurückzuzahlen und es sind noch 20.000 Euro übrig. Nehmen wir zudem an, der persönliche Bedarf beträgt 2.000 Euro pro Monat. In diesem Fall ist es möglich, seine Einkünfte zu splitten. Erstens bezahlt die Firma monatlich 1.000 Euro aus dem Darlehen, zweitens gewährt sie ein Gehalt in derselben Höhe. Zusammen ergeben sich also die gewünschten 2.000 Euro. Auch hier nutzt meine Steuerstrategie wieder eine Regelung in unserem Sinne aus.

1.000 Euro pro Monat lassen sich so gut wie steuerfrei vereinnahmen, es fallen lediglich knapp 15 Euro Lohnsteuer an. Da es sich bei den zweiten 1.000 Euro um die Rückzahlung des Darlehens handelt, fallen auch dafür keine Steuern an. Wir strecken das Darlehen also so, um diesen Freibetrag so lang wie möglich auszunutzen. Mit Hilfe dieser Konstruktion lassen sich Einkünfte daher über einen sehr langen Zeitraum fast steuerfrei vereinnahmen. Nochmals zum Verständnis: Meine Steuerstrategie umgeht hier keine Steuern. Es ist nur zufällig so, dass aufgrund der Fünftelungsmethode gar keine Steuern angefallen sind. Sehr gut verdeutlicht dieses Vorgehen wieder das Thema Eigenverantwortung. Wir spielen mit der Steuer und legen selbst fest, welche Verkaufspreise oder Gehälter unsere Bedürfnisse am besten befriedigen. Ganz klar ist jedoch, dass die optimale Gestaltung der einzelnen Komponenten meiner Strategie der individuellen Behandlung jedes Einzelfalls bedarf.

Die steuerliche Sicht des Käufers

Bisher haben wir gesehen, wie der Verkäufer von einem Verkauf seines Einzelunternehmens profitiert. Doch auch aufseiten der GmbH lässt sich die Kaufpreiszahlung steuerlich positiv verbuchen, weil sie den Kaufpreis für das Unternehmen über mehrere Jahre verteilt von ihrem Gewinn abziehen kann. Dies geschieht, indem sie die gekauften Wertgegenstände in ihre Bilanz überführt. Schauen wir zur Verdeutlichung wieder auf Albert und berechnen, wie seine neue GmbH das gekaufte Betriebsvermögen verbucht.

Gegenstand	**Alter**	**Anschaffungskosten**	**Nutzungsdauer**	**Abschreibung**
Büromöbel	5 J.	400 €	1 Jahr	400 €
Firmenwagen	1 J.	14.000 €	3-4 Jahre	3.500 €
Computer mit Drucker	1 M.	1.200 €	2 Jahre	400 €
Smartphone	1 J.	200 €	1 Jahr	200 €
Firmenwert		**24.200 €**	**15 Jahre**	**1.613 €**
GESAMT		**40.000 €**		**6.013 €**

Jeden dieser Gegenstände muss die GmbH nach den geltenden Regeln abschreiben. Beim Firmenwagen bleiben hier 3 bis 4 Jahre, beim Computer noch 2 und für den Firmenwert gilt generell eine Abschreibungsfrist von 15 Jahren. Anders wertet der Fiskus Büromöbel und Smartphone. Güter gelten bis zu einem Wert von 410 Euro als geringwertige Wirtschaftsgüter und können sofort voll abgeschrieben werden[9]. Das dürfte bei vielen Bestandteilen eines Verkaufs der Fall sein, hier lässt sich üblicherweise bereits direkt nach der Gründung hohes Abschreibungspotenzial heben. Überhaupt bieten Abschreibungen sehr viel steuerlichen Gestaltungsspielraum, es folgt daher noch ein eigenes Kapitel zu diesem Thema. Ganz wichtig beim Übergang vom Einzelunternehmen zur GmbH: Auf der einen Seite kann der Verkäufer einen Gewinn von bis zu 40.000 Euro steuerfrei einstreichen, auf der anderen Seite erzielt die GmbH Abschreibungspotenziale und kann den Gesamtbetrag teilweise sofort, teilweise über Jahre hinweg von der Steuer abziehen. Hatte ich nicht angekündigt, dass Steuern Spaß machen? Durch diese Vorteile sind die Gründungskosten überkompensiert und es zeigt sich einmal mehr, dass wir in steuerlicher Hinsicht aktiv handeln sollten.

Ich und meine GmbH

Noch ein Wort zu den Entscheidungsbefugnissen: Dieses Buch geht in der Regel davon aus, dass (Mehrheits-)Gesellschafter und Geschäftsführer der GmbH dieselbe Person darstellen. Das muss selbstverständlich nicht so sein. Für die hier beschriebene Strategie zählt der Mehrheitseigner. Dieser bestimmt über den Kurs der Firma und gibt dem Geschäftsführer Vorgaben für sein Handeln. Kontrolle über die GmbH und damit auch über die Vermögenswerte in dieser GmbH übt daher immer der Mehrheitsgesellschafter aus. Anders sieht diese Situation übrigens im Fall einer Aktiengesellschaft aus. Dort entscheidet der Vorstand und muss die Gesellschafter – also die Aktionäre – nicht dazu befragen.

Exkurs 8: Neustart nach Niederlagen

Wer in Deutschland einmal geschäftlich scheitert, behält diesen Makel meist ein Leben lang. Die Kapitalgesellschaft eignet sich jedoch gut dazu, eine Geschäftsidee auch danach noch in die Tat umzusetzen. Diese Person gründet eine GmbH und bringt dazu auch die Stammeinlage von 25.000 Euro auf. Offiziell fungiert jedoch ein Strohmann als Gesellschafter. Damit dieser kein geschäftliches Eigenleben entwickelt und die Firma stets unter voller Kontrolle des eigentlichen Gründers bleibt, macht der Strohmann ein notariell beglaubigtes und unbefristetes Kaufangebot für 25.000 Euro. In diesem bestätigt der Strohmann zudem, dass der Kaufpreis von 25.000 Euro bereits geflossen ist. Dies stimmt auch, denn das Geld für die GmbH stammte ja vom eigentlichen Gründer. Sollte das Verhältnis zum Strohmann leiden, muss der Gründer nur zum Notar gehen und das Kaufangebot annehmen. Unverzüglich geht die GmbH auch offiziell in seinen Besitz über und der Strohmann ist aus dem Rennen. Und wer keinen geeigneten Strohmann kennt, greift auf eine sogenannte Treuhand-Firma zurück.

Gerade Unternehmensgründer müssen es sich immer wieder klar machen: Der Eigentümer und Geschäftsführer ist nicht die GmbH, sie gehört ihm lediglich und sie arbeitet nach seinen Entscheidungen. Deshalb kommt es darauf an, genau zwischen der GmbH und der Person zu trennen. Das gilt auch für das Vermögen. So gibt es Besitz der Person und Eigentum der GmbH. Letzteres gehört nicht dem Eigentümer. Ob etwas der GmbH gehört oder dem Geschäftsführer, lässt sich sehr leicht entscheiden: Wer steht im Kaufvertrag und/oder auf der Rechnung? Derjenige sollte auch bezahlen und ist demnach der eindeutige Eigentümer. Zudem stellt eine GmbH eine eigene juristische Person dar. Sie kann also vor Gericht klagen und verklagt werden. Sie hat Rechte und Pflichten. Auch handelt die GmbH nicht selbst, sie kann das nur durch ihre Organe tun. Das wesentliche Organ in diesem Zusammenhang ist der Geschäftsführer. Er handelt für die GmbH und muss dabei stets ihre Interessen im Auge behalten, nicht seine eigenen! Diese Grundregel mag zunächst verwundern, ist aber sehr wichtig. Sie folgt aus der Trennungstheorie.

„Für GmbH und Gesellschafter gilt die Trennungstheorie."

Die Trennungstheorie verlangt, das Vermögen der GmbH vom Vermögen des Gesellschafters strikt zu trennen. Eine entscheidende Regel! Ein Geschäftsführer muss demnach die Interessen der GmbH wahren und darf nicht gegen ihre Rechte verstoßen und gegen ihre Pflichten handeln. Dabei spielt es keine Rolle, ob die GmbH dem Geschäftsführer zu 100 Prozent gehört oder nur zu 30. Wer die beiden Bereiche nicht trennt, bekommt enorme Schwierigkeiten, im Extremfall in Form des Staatsanwalts. Das sieht bei einem Einzelunternehmer anders aus.

FALLBEISPIEL 3: WILLI

Willi besitzt einen Laden. Als Einzelunternehmer gehören ihm alle Bestandteile seines Geschäfts, also etwa Waren, Möbel und auch die Kasse sowie das Geld darin. Kurz vor Geschäftsschluss denkt er an seinen Hochzeitstag und er nimmt deshalb 50 Euro aus der Kasse, um schnell einen Blumenstrauß für seine Frau zu besorgen. Das ist völlig in Ordnung, weil sich der Betrag problemlos als Privatentnahme verbuchen lässt.

Was tut Willi, wenn sein Laden als GmbH organisiert ist? Waren, Möbel und auch die Kasse mit dem Geld gehören in diesem Fall der Firma. Greift Willi in die Kasse, nennt sich das Untreue und ist strafbar. Privatentnahmen kennt die GmbH nicht (die GmbH ist immer Geschäft, nie privat). Hier muss Willi eine andere Strategie anwenden und genau begründen, warum er das Geld entnimmt. Sind die 50 Euro als Gehalt zu werten, etwa als Vorschuss auf das nächste Geschäftsführergehalt? Gibt die GmbH ein Darlehen? Dann sollte ein Darlehensvertrag existieren. Oder ist es eine Gewinnausschüttung? Dann müssen Gewinne aus der Vergangenheit vorliegen und Willi muss neben diversen Formalitäten einen Gewinnausschüttungsbeschluss schreiben.

In jedem Fall erfordert die GmbH eine ordentliche Dokumentation dazu, wie das Geld verbucht werden soll. Ich empfehle, diese Dokumentationspflichten ernst zu nehmen und immer sofort zu erledigen. Verschoben heißt leider zu oft vergessen. Wenn der Jahresabschluss fällig ist oder, schlimmer noch, der Prüfer vom Finanzamt vor der Tür steht, ist es eindeutig zu spät, die richtigen Dokumente zu erstellen.

Nun sind die Grundlagen der GmbH-Gründung und ihrer Führung geklärt, lassen Sie uns deshalb das tägliche Geschäft näher betrachten. Damit meine Strategie funktioniert, sollte jedoch zunächst das bereits beschriebene Umdenken stattgefunden haben. Es ist vollkommen überflüssig, Geld persönlich zu besitzen. Denken Sie an reiche Menschen. Diese besitzen in der Regel sehr wenig Geld, sie kontrollieren es aber. Wer reich ist, braucht normalerweise nicht das Gefühl, viel Geld zu haben. Wer sein Geschäft in Form einer GmbH führt, sollte diese Denkweise verinnerlichen. Dazu gehört es, die bereits erwähnte Unterscheidung zwischen Beträgen für Konsum und solchen für den Vermögensaufbau strikt durchzuhalten. Lassen Sie uns daher im folgenden Kapitel berechnen, wie sich eine GmbH konkret auf die finanzielle Situation des Gesellschafters auf der einen und der Firma auf der anderen Seite auswirkt. Dazu wollen wir vor allem einen Blick auf die Verwendung der Erträge werfen und wir werden die Situation in einer Firmenstruktur immer wieder mit den Rahmenbedingungen für Einzelunternehmer und Arbeitnehmer vergleichen. Ich kann Ihnen jetzt schon versprechen, die Zahlen werden Sie mit Sicherheit beeindrucken.

Der Übergang zwischen Einzelunternehmen und GmbH erfolgt in Form eines Verkaufs. Unter Ausnutzung der Möglichkeiten lässt sich der Kaufpreis vom Verkäufer steuerfrei vereinnahmen und im ersten Jahr der GmbH gilt für den Verkäufer daher die Null-Steuer-Strategie. Die GmbH dagegen kann den Kaufpreis komplett steuerlich geltend machen.

Die Drei-Säulen-Strategie

Spaß mit der Steuer hatten wir bereits in der Gründungsphase, als wir bis zu 40.000 Euro steuerfrei vereinnahmen durften. Nun kommt es darauf an, die steuerlichen Vorteile auch im weiteren Geschäftsverlauf zu nutzen. Das ist vor allem deshalb möglich, weil wir in einer Firmenstruktur – die Möglichkeiten gelten nicht nur für eine einzelne GmbH – die Verteilung der Einnahmen selbst vornehmen können. Im Gegensatz zum Arbeitnehmer sind Einzelunternehmer und GmbH-Eigner in der Regel selbst für ihre Einnahmen zuständig. Sie müssen sich zum Beispiel um Kunden und Aufträge kümmern und sie müssen dafür sorgen, dass sie kostendeckend arbeiten. Auch kann es Situation geben, in denen es unterschiedlich günstige Vorgehensweisen gibt, Erträge zu verbuchen. Doch gehen wir davon aus, dass wir uns über jeden verdienten Euro freuen und die Einnahmen maximieren.

Meine Strategie besteht nun darin, Unternehmensteuer – Körperschaftsteuer (KSt) und Gewerbesteuer (GewSt) – sowie die persönliche Einkommensteuer (ESt) optimal zu kombinieren. Das Prinzip: Wir nutzen die Flatrate bei der Unternehmensteuer auf der einen sowie Freibeträge und niedrige Besteuerung geringer Einkommen auf der anderen Seite. Höhere Einkommen lassen sich also in einer GmbH optimal besteuern, geringere in der Einkommensteuer. Konkret heißt dies im Idealfall: Einkünfte bis zu 14.000 Euro im Jahr versteuert man in der Einkommensteuer, denn bei dieser Grenze beträgt der Steuersatz 15 Prozent. Alles was darüber liegt, fließt in die Firma und unterliegt dort dem Körperschaftsteuersatz von 15 Prozent – die Gewerbesteuer einmal außer Acht gelassen. Wir spielen also mit der optimalen Balance. Ganz wichtig: Hier sind auch viele langjährige Unternehmer gefragt. Denn aus meiner Beratungspraxis weiß ich, dass auch diese ihre Finanzen keineswegs steueroptimiert gestalten und nicht selten in die Falle der hohen Einkommensteuer tappen. Auch viele Unternehmer begreifen Steuern und Abgaben als notwendiges Übel und sind froh, wenn ihnen der Steuerberater die ungeliebte Arbeit mit dem Finanzamt abnimmt. Konzeptionelle und strategische Gedanken in punkto Steuer kommen oft zu kurz. Deshalb auch hier mein Plädoyer: Sehen Sie die Komplexität des Themas als Chance und machen Sie sich Ihren Spaß mit der Steuer. Nutzen Sie die Möglichkeiten, Ihr hart verdientes Geld in Ihrem Sinne zu verwenden. Wie das funktionieren kann, zeigt bereits die grafische Verdeutlichung der Steuersystematik.

Die Systematik der Steuern

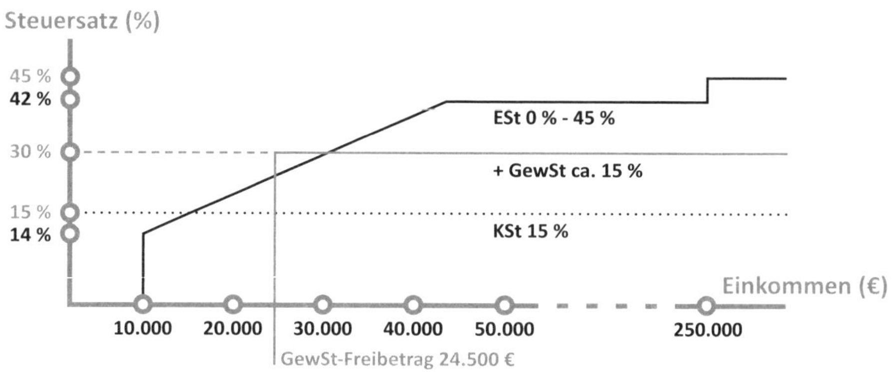

Hinweis: Zu ESt und KSt kommen jeweils noch 5,5 % Solidaritätszuschlag.

Die schwarze Linie (Einkommensteuer) zeigt die Steuerbelastung in Abhängigkeit vom Einkommen. Bis etwa 10.000 Euro Jahreseinkommen fällt gar keine Einkommensteuer an. Verantwortlich dafür sind der Grundfreibetrag, der das Existenzminimum steuerfrei stellt, und bestimmte Versicherungen, die ebenfalls das Einkommen mindern. Die grüne Linie zeigt die Körperschaftsteuer an, sie beträgt konstant 15 Prozent. Hier ist es egal, wie hoch das Einkommen ausfällt. Die Gewerbesteuer (blaue Linie) beträgt ebenfalls zirka 15 Prozent, der genaue Satz hängt von der Gemeinde ab. Nun kommt es also darauf an, diese drei unterschiedlichen Steuerarten gekonnt zu kombinieren. Damit können wir die optimale steuerliche Gesamtbelastung unserer Einkünfte von unter 30 Prozent erreichen und müssen bei hohen Einkommen nicht wie Arbeitnehmer und Einzelunternehmer mit Abzügen von 45 Prozent und mehr leben. Das Steuersystem bietet zahlreiche Anknüpfungspunkte für eine derartige Strategie und diese lassen sich je nach individueller Situation nutzen. Eine Möglichkeit fällt vielen Lesern sicher sofort ins Auge: Wenn die Gewerbesteuer einen Freibetrag von 24.500 Euro bietet – wie sich dieser erzielen lässt, folgt in einem späteren Kapitel – verteilen wir höhere Einkünfte einfach auf mehrere Firmen. Genau, diese Strategie kann durchaus funktionieren. Und wenn wir das ersparte (Steuer-)Geld dann klug anlegen, wird uns dieser Unterschied reich machen.

Doch legt noch ein weiterer Grund den Systemwechsel nahe: Bei Kapitalgesellschaften behandelt der Fiskus Ausgaben für den Konsum und Investitionen in Werte komplett unterschiedlich, wie wir noch im Detail sehen werden. Auf dieser Differenzierung bauen wir auf, weil uns dieses Prinzip ermöglicht, Vermögen aufzubauen – und das mit Unterstützung des Staates, wie all die Lenkungsnormen zeigen. Der in diesem Buch beschriebene Ansatz geht von der Prämisse aus, dass nur diejenigen Ausgaben dem Einkommensteuersatz von 0 bis 45 Prozent unterliegen sollen, die dem Konsum dienen. Diese Sichtweise ist meiner Meinung nach gerecht. Wer viel konsumiert, soll schließlich auch mehr Steuern zahlen und etwas zur Allgemeinheit beitragen. Dagegen soll derjenige, der lediglich investiert und damit Werte schafft, auch die nötigen Mittel dazu behalten. Deswegen werden solche Gewinneinkünfte begünstigt, die nicht aus Arbeitsleistungen stammen, sondern aus Investitionen und Geschäftsanteilen resultieren.

Kapitalgesellschaften richtig konzipieren

Um seine Steuerlast auf die beschriebenen 30 Prozent zu senken, genügt es nicht, Einnahmen und Ausgaben in einer Kapitalgesellschaft zu organisieren. Hier kommt es vielmehr auf die richtige Grundkonzeption an. Allerdings geht das nicht ohne eigenes Zutun. Wer die hier beschriebene Strategie umsetzen will, muss sich mit seinen Finanzen und mit seiner Steuer beschäftigen. Die große Chance für Selbständige, ihr Einkommen weitgehend selbst bestimmen zu dürfen, bedeutet gleichzeitig eine nicht zu unterschätzende Verpflichtung. Kümmern dürfen heißt in diesem Fall kümmern müssen. Allerdings dürfte der Leidensdruck oft groß sein. Denn auch viele Unternehmer haben in den letzten Jahren gemerkt, dass eine gute Auftragslage und ein expandierendes Geschäft längst keine Gewähr mehr dafür bieten, ein Vermögen aufzubauen. Schauen wir uns deshalb zunächst die Einnahmen genauer an.

Einnahmen entstehen einerseits aus der Haupt-Tätigkeit des Unternehmers. Der Unternehmensberater berät, der Autohändler verkauft Autos. Dafür bezahlen die Kunden einen Preis. Ein zweiter Einnahmenstrom entsteht mit der Zeit, weil die GmbH Geld anlegen kann und Erträge damit erwirtschaftet. Diese Situation entsteht dann, wenn manche Beträge nicht dazu dienen müssen, Umsätze zu erzielen; also wenn sie nicht in Rohstoffe oder Löhne fließen. Dieses „übrige" Geld liegt nicht einfach auf dem Girokonto der GmbH, sondern dient zum Kauf von Aktien, Immobilien oder Beteiligungen an anderen Unternehmen. Auch die daraus resultierenden Dividenden, Mieten und Gewinnausschüttungen zählen zu den Einnahmen der GmbH.

Abgesehen vom nutzbaren Gewerbesteuerfreibetrag spielt die Höhe der Einnahmen aus steuerlicher Sicht keine Rolle. Wie wir gesehen haben, gilt hier eine Flatrate von ungefähr 30 Prozent. Entscheidend für die Höhe unseres Gewinns und für die Möglichkeiten beim Vermögensaufbau ist jedoch die Ausgabenseite. Als Ertrag zählt nur das, was nach Abzug der Kosten übrig bleibt. Der Unternehmensberater hat Kosten für Reisen, seine eigene Fortbildung, er braucht eine Büroeinrichtung und einen Computer. Diese Kosten gehen von den Einnahmen ab, übrig bleibt der Ertrag. Beim Autohändler zählen die

Einkaufspreise für die Autos, die Reparatur- und Aufbereitungskosten, die Werbung und so weiter zu den Kosten. Im Fall des Einzelunternehmers wertet der Fiskus diesen Ertrag als Grundlage für die Besteuerung und besteuert ihn – zusammen mit anderen Einkünften des Unternehmers – nach der Einkommensteuertabelle mit bis zu 45 Prozent plus Solidaritätszuschlag und Kirchensteuer. Da ist dann fast die Hälfte weg. Einer Kapitalgesellschaft bieten sich dagegen noch andere Verwendungsmöglichkeiten, bevor die Steuer zuschlägt.

„Die Einnahmen der GmbH wandern in drei Töpfe."

An diesem Punkt kommt nun wieder meine Strategie ins Spiel. Wir lassen uns nicht einfach besteuern, sondern steuern selbst. Und diese Steuerung funktioniert, indem wir den Ertrag der GmbH in drei verschiedene Töpfe wandern lassen – die zentrale Drei-Säulen-Strategie dieses Buchs. In den ersten Topf kommt das Gehalt des Geschäftsführers, das den persönlichen Bedarf deckt. Schließlich fallen weiterhin Lebenshaltungskosten an und die Änderung des Firmenkonstrukts soll ja nicht bedeuten, schlechter zu leben als zuvor. Im zweiten Topf sammeln wir Rücklagen und Rückstellungen an. Dabei handelt es sich um Gelder, mit denen die GmbH für den Fall späterer Belastungen vorsorgt. Erst im dritten Topf landet der Gewinn, also alles, was „übrig" ist. Und immer nutzen wir die möglichen Freibeträge und Freigrenzen optimal aus. Doch der Reihe nach.

Die steuerliche Situation

Das Gehalt des Geschäftsführers (Topf 1) veranlagt der Fiskus mit der üblichen Lohnsteuer. Dabei gilt die Lohnsteuer als Abschlagszahlung auf die Einkommensteuer und liegt in derselben Höhe wie die Einkommensteuer.

Warum für den Geschäftsführer, der maßgeblich an der GmbH beteiligt ist, keine Sozialversicherungsbeiträge anfallen, kläre ich später. Auf die Rückstellungen (Topf 2) berechnet das Finanzamt gar keine Steuern, ihr Sinn besteht ja gerade darin, Geld für später steuerfrei anzusparen. Rückstellungen lassen sich in bestimmtem Umfang sogar selbst bestimmen. Beispiele dafür erläutere ich in einem eigenen Kapitel. An dieser Stelle halten wir nur fest: Für die Rückstellungen fallen überhaupt keine Steuern an. In den dritten Topf wandert der Gewinn der GmbH. Wie wir bereits gehört haben, fallen dafür etwa 30 Prozent Steuern an. So gelten für die GmbH drei verschiedene Steuersätze, die jeweils im Durchschnitt irgendwo zwischen 0 und 30 Prozent liegen – es sei denn, der Geschäftsführer genehmigt sich ein sehr hohes Gehalt. Das Wichtige aber: Wir selbst können bestimmen, wie viel Geld in jeden der Töpfe wandert. Es kommt nur darauf an, dass die GmbH diese Beträge tatsächlich erwirtschaftet und nicht zum Beispiel aufgrund eines hohen Gehalts Verluste erleidet.

„Die Aufteilung muss bereits vorab geplant werden."

Was als Aufteilung einfach klingt, stellt in der Realität eine komplexe Aufgabe dar. Hier gilt es, unterschiedliche Faktoren unter Einbeziehung mehrerer Unbekannter optimal auszubalancieren. Beispielsweise muss der Geschäftsführer sein Gehalt bereits zu Beginn des Jahres für das Gesamtjahr festlegen und auch über manche Rückstellungen will der Fiskus vorab Bescheid wissen. Wer jedoch die verschiedenen Töpfe – also Lohn, Rückstellungen und Gewinn – vor Beginn des Geschäftsjahres austarieren möchte, sollte selbstverständlich den zur Verfügung stehenden Gesamtbetrag kennen. Nötig ist also eine ungefähre Schätzung der Einkünfte schon vor Beginn des jeweiligen Geschäftsjahrs. So gestaltet sich die GmbH-Führung vor allem als Planungsaufgabe, die ein geschicktes Vorgehen erfordert. Ebenso kommt es auf die Übung an. Jeder GmbH-Geschäftsführer muss lernen, mit den verschiedenen Töpfen zu spielen. In den folgenden Absätzen werde ich detailliert schildern, wie sich Einnahmen optimal verteilen lassen und mit welchen Hilfsmitteln sich die Planung dazu erleichtern lässt.

Bevor wir zu den theoretischen Grundlagen dieser Verteilung kommen, sollten wir die Ertragsrechnung einer GmbH zunächst in der Praxis beleuchten. Wieder wollen wir das mit Hilfe konkreter Fälle verdeutlichen und werfen deshalb einen Blick auf Albert und Peter. Lassen wir die beiden Freunde ein kleines Steuerspiel spielen. Zunächst soll es um Albert gehen. Dieser hat im letzten Kapitel eine GmbH gegründet. Es läuft gut und Albert verdient 60.000 Euro im Jahr. Auch seinen persönlichen Bedarf hat er detailliert berechnet und ist dabei zum Ergebnis gekommen, dass ein Betrag von 2.000 Euro die monatlichen Lebenshaltungskosten deckt. Mit diesem Wissen im Hinterkopf stellt Albert folgende Schätzung auf:

Die GmbH von Albert

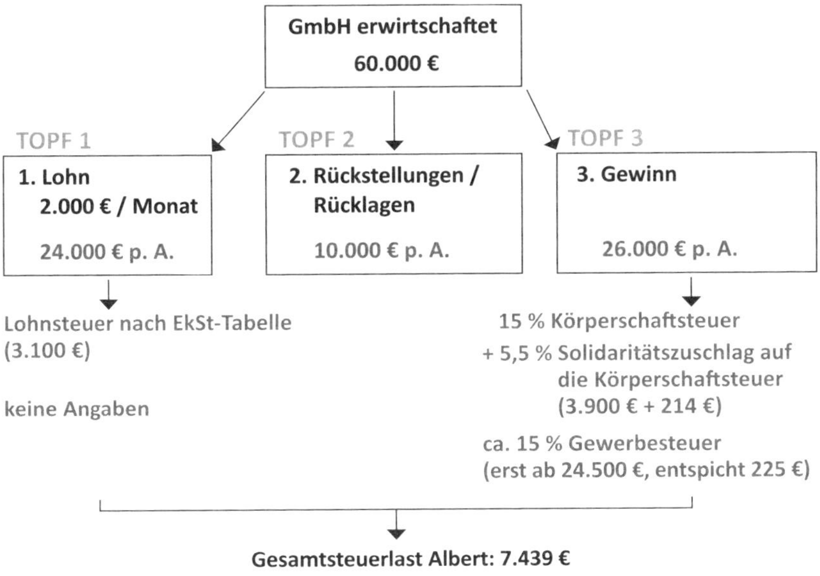

Wir sehen zunächst einmal, dass Albert die Einnahmen seiner GmbH in die drei verschiedenen Töpfe füllt, bis nichts mehr übrig bleibt. Des Weiteren fällt auf, dass der Posten „Abgaben“ fehlt. Versichert sich Albert nicht, trifft er keine Vorsorge? Selbstverständlich tut er das, mit den Details beschäftigen wir uns in den folgenden Kapiteln ausführlich. Zudem lässt sich erkennen, wie Albert zwischen Konsum und Vermögensbildung unterscheidet. Er rechnet nämlich nur knapp die Hälfte der Einnahmen dem Konsum zu, indem er seine monatlichen Lebenshaltungskosten auf 1.700 Euro schätzt. Das ist der Nettobetrag. Also hat Albert sein Gehalt auf 2.000 Euro festgesetzt (brutto). Macht 24.000 Euro pro Jahr. Zu dieser Schätzung kommen wir übrigens noch. Steuerlich relevant sind davon nur 23.000 Euro, der Fiskus gewährt einen Arbeitnehmerfreibetrag von 1.000 Euro. Die Lohnsteuer (mit Solidaritätszuschlag) beträgt 259 Euro. Netto erhält Albert also 1.741 Euro.

Bevor ich auf die Details der Verteilung eingehe, möchte ich jedoch zunächst die steuerliche Gesamtrechnung in Ihren Fokus rücken. Lassen wir uns die Rechnung auf der Zunge zergehen: Auf Einnahmen von 60.000 Euro bezahlt Albert mit 7.439 Euro nur etwa 13 Prozent Steuern! In der Fachsprache laufen derartige Ergebnisse meist unter dem Begriff „Steueroase“. Wieso sollten wir unser Geld in die Schweiz verschieben?

„Auf Einnahmen von 60.000 Euro fallen nur etwa 13 Prozent Steuern an.“

Angesichts der Quote von 13 Prozent ist den meisten Lesern sicher längst klar, dass Peter keine Chance in unserem kleinen Steuerspiel hat. Sehen wir uns also die Steuerlast an, die wir als Arbeitnehmer bezahlt hätten und wenden wir uns deshalb Peter zu.

Der Arbeitnehmer Peter

Arbeitnehmer erwirtschaftet 60.000 €

Lohnsteuer nach ESt-Tabelle (17.028 €)
+ Solidaritätszuschlag: 5,5 % der ESt (937 €)

Gesamtsteuerlast Peter: 17.965 €

Im Vergleich der beiden Steuermodelle treten also extreme Unterschiede zutage. Ein Arbeitnehmer oder Einzelunternehmer zahlt in unserem Beispiel mehr als doppelt so viel Steuern, wie bei optimaler Verteilung der Beträge in einer Kapitalgesellschaft anfallen. Damit nicht genug. Legen wir strenge Kriterien an den Begriff „Erwirtschaften", dann müssten wir bei Peter als Arbeitnehmer sogar auf unsere Rechnung aus dem Kapitel „Die wahre Höhe von Steuern und Abgaben" zurückgreifen und die 60.000 Euro als Gesamtbetrag exklusive Arbeitgeberanteil werten. Diesen inkludiert, lägen die tatsächlichen Abzüge sogar noch wesentlich höher. Dagegen kann Albert den Betrag, den er an Steuern und Abgaben spart, gezielt dazu nutzen, ein Vermögen anzusparen. Und wer diesen Unterschied auf die nächsten 10 oder 20 Jahre hochrechnet, kann bei klugen Investments leicht auf ein Millionenvermögen kommen – und das alles mit einem absolut durchschnittlichen Einkommen.

Lassen Sie uns neben der bemerkenswerten Steuersituation noch eine andere eindrucksvolle Zahl beleuchten. Wie viel Geld verbleibt auf dem Konto von Alberts GmbH nach Steuern? Als Abgänge müssen wir den Lohn rechnen (24.000 Euro) – übrigens inklusive Steuer, die bezahlt der Lohnempfänger – sowie Körperschaftsteuer, Solidaritätszuschlag und Gewerbesteuer (3.900 Euro + 215 Euro + 225 Euro). Von den Einkünften in Höhe von 60.000 Euro fließen also lediglich 28.348 Euro ab, dagegen verbleiben 31.660 Euro auf dem Konto von Alberts GmbH. Die Steuern sind bereits abgezogen. Eine großartige Quote und ausreichend Geld, um es klug anzulegen und damit ein Vermögen anzusparen.

„Es verbleibt ausreichend Geld, um es klug anzulegen."

Wir lernen also: Was durch die richtige Steuerstrategie am Jahresende übrig bleibt, sind beileibe keine Peanuts. Das eigene Vermögen hängt sogar ganz entscheidend davon ab. Die Steuerstrategie stellt in ganz entscheidendem Maße die Weichen dafür, ob jemand am Ende zu den Vermögenden gehört oder nicht. Nochmal: Ein Vermögen – wir müssen gar nicht von Reichtum sprechen – hat weniger mit dem Einkommen zu tun als vielmehr mit der Entscheidung, wie es versteuert und angelegt wird. Insbesondere die vielzitierte Mittelschicht muss die Entscheidung treffen, ob sie Geld ansparen will und sich auf den Weg zum Reichtum begibt oder ob sie auf der gesellschaftlichen Leiter absteigen will. Bitte verstehen Sie mich nicht falsch, ich möchte nicht als Schwarzmaler auftreten und keine Existenzängste schüren. Doch spricht die Demoskopie Bände, regelmäßig bestätigen Umfragen die zunehmende Furcht vieler Menschen vor einem sozialen Abstieg. Zukunftsängste haben sich in den letzten Jahren spürbar ausgebreitet und sind in der Mitte der Gesellschaft angekommen. Dabei sollten wir diese Ergebnisse nicht ins Lächerliche ziehen. Die Befragten haben sich ihr Einkommen und ihre Perspektiven genau angeschaut und wissen deshalb, wovon sie sprechen. Der Ausweg besteht darin, dass Sie Ihre Finanzen endlich in die eigene Hand nehmen.

Die Steuerstrategie beruht darauf, Körperschaftsteuer und Gewerbesteuer sowie die persönliche Einkommensteuer mit Hilfe einer Kapitalgesellschaft optimal zu kombinieren. Dabei wandern die Einnahmen in drei unterschiedliche Töpfe: in Gehalt, Rückstellungen und den Gewinn. Ergebnis ist eine niedrige Gesamtsteuerlast und die frei werdenden Mittel dienen dem Aufbau eines Vermögens.

!

Säule eins – der eigene Lohn

Nachdem wir die grundsätzliche Ertragsrechnung einer GmbH erläutert haben, sollten wir einen Blick auf die Verteilung im Beispiel werfen. Beginnen wir mit dem Lohn. Bei Firmen wirken die Lohnzahlungen an den Geschäftsführer als Kosten, die den Gewinn mindern. Steuersenkend wirkt also genau das Geld, das bei einem Arbeitnehmer die Steuerpflicht erzeugt! Wie schon gesagt, Steuern können Spaß machen. Doch der Reihe nach. Selbstverständlich erhält der Geschäftsführer für seine Tätigkeit von „seiner" GmbH ein Gehalt. Dieses Gehalt unterliegt – wie beim Arbeitnehmer – der Lohnsteuer und diese wird in Form von Vorauszahlungen auf die später erhobene Einkommensteuer vom Finanzamt eingezogen. Anders als im Fall eines Arbeitnehmers entfallen auf dieses Gehalt jedoch nicht die üblichen Sozialabgaben. Der Grund? Der GmbH-Gesellschafter, der hier zugleich Geschäftsführer ist, zählt für die Sozialversicherung als Selbständiger. Diese rechtliche Situation zeigt, wie uneinheitlich verschiedene Gesetze den gleichen Sachverhalt beurteilen.

- **Für das Finanzamt zählt der geschäftsführende Gesellschafter als Arbeitnehmer und bezahlt Lohnsteuer.**
- **Die Sozialversicherung behandelt dieselbe Person jedoch als selbständigen Unternehmer. Er ist daher für seine Versicherungen selbst zuständig.**

In punkto Steuern und Abgaben können wir deshalb das Beste aus zwei Welten nutzen. Der GmbH-Geschäftsführer ist Arbeitnehmer in Bezug auf die Lohnsteuer und gleichzeitig Unternehmer in Bezug auf die Sozialabgaben. Die Gestaltungsfreiheit geht jedoch noch viel weiter. Wenn das Gehalt des Geschäftsführers den Gewinn der GmbH mindert, wer legt dann das Gehalt des Geschäftsführers fest? Wie in fast jeder Firmenstruktur sind dafür die Eigner zuständig, in unserem Fall also die Gesellschafterversammlung der GmbH. Sprich – bei unserer Ein-Mann-GmbH – der Unternehmer selbst. In der GmbH hat es der Geschäftsführer damit selbst in der Hand, ob die GmbH viel Gewinn macht und ein geringes Gehalt zahlt oder ob sie wenig Gewinn macht und ein hohes Gehalt zahlt. Hier gilt zudem eine Besonderheit: Der GmbH-Geschäftsführer kann sogar ohne Gehalt tätig werden. Kein Gesetz verlangt, dass ein Gehalt gezahlt werden muss. Anders sieht es in die entgegengesetzte Richtung aus. Ein Geschäftsführer darf sein Gehalt nicht übermäßig hoch ansetzen, denn in diesen Fällen wird das Finanzamt misstrauisch. Es unterstellt dann, dass in Wirklichkeit kein hohes Gehalt gezahlt werden, sondern der Gewinn der GmbH ausgeschüttet werden soll. Dieses Vorgehen wertet der Fiskus als verdeckte Gewinnausschüttung und erkennt den Teilbetrag, der über dem Angemessenen liegt, in der Regel nicht als Gehalt an. Dieser Ausdruck des Angemessenen klingt schwierig und ist es manchmal auch. Denn so einfach lässt sich die Frage nicht beantworten, bis zu welcher Höhe ein Gehalt als angemessen gelten kann. Grundsätzlich hängt die Höhe des Angemessenen von verschiedenen Faktoren ab. Zunächst kommt es auf den Umfang der Geschäfte an, die eine GmbH macht. Ebenso zählen Faktoren wie die Verantwortung, die Beschäftigtenzahl, der Einsatz des Geschäftsführers und natürlich der Erfolg. Lassen sich diese Punkte mit der Gehaltshöhe in Übereinstimmung bringen, akzeptiert das Finanzamt üblicherweise die Entscheidung.

„Es ist sinnvoll, sich an den Gehältern anderer Geschäftsführer zu orientieren."

Es ist zudem sinnvoll, sich an den Gehältern anderer Geschäftsführer zu orientieren, die nicht Inhaber der GmbH sind. Wer sich deren Gehälter zum Vorbild nimmt, wird in der Regel keinen Ärger mit dem Finanzamt bekommen. Hier gilt der Grundsatz „dealing at arm's length“, man sollte mit sich selbst also so verfahren wie mit einem Fremden. Ein Fremder würde zum Beispiel kein Gehalt akzeptieren, das monatlich nach oben oder unten schwankt. Die nötige Flexibilität lässt sich jedoch bis zu einem gewissen Grad im Arbeitsvertrag verankern. So empfehle ich einen Passus, wonach das Gehalt einmal pro Jahr angepasst wird. Diese Anpassungen lassen sich an die Leistung des Geschäftsführers koppeln, an die wirtschaftliche Lage der GmbH und an die allgemeine Wirtschaftslage. Ergebnis sind drei unterschiedliche Argumentationsmöglichkeiten und mit diesen lässt sich in der Regel sehr gut begründen, weshalb die Anpassung in eine bestimmte Richtung erfolgen soll. Entscheidend ist diese Flexibilität beispielsweise, wenn es der Firma schlecht geht und sie vielleicht Verluste macht. Der Geschäftsführer müsste sein Gehalt in diesem Fall versteuern, obwohl überhaupt kein Gewinn entsteht. Hier besteht also ein großes Interesse, das Gehalt sehr niedrig festzusetzen. Aktiengesellschaften sind sogar gesetzlich dazu gezwungen, in schlechten Zeiten Gehälter nach unten anzupassen. Dieser Gedanke gilt analog auch für GmbHs. Kann die GmbH aus wirtschaftlichen Gründen kein Gehalt zahlen, entsteht eine sehr problematische Situation, weil das Finanzamt dann häufig den Arbeitsvertrag nicht akzeptiert. Ganz wichtig ist es daher, das vereinbarte Gehalt immer zum festgelegten Zeitpunkt in der festgelegten Höhe auszuzahlen. Ist tatsächlich kein Geld vorhanden, sollte der Geschäftsführer seiner Firma lieber ein Darlehen geben und das Gehalt mithilfe dieses Geldes bezahlen. Jeder Fehler bietet dem Fiskus die Gelegenheit, sich Gelder zu holen und die Konstruktion anzuzweifeln. Es kommt also stets darauf an, die Selbstverantwortung wahrzunehmen und die nötigen Schritte zu gehen.

Flexibilität in punkto Gehalt lässt sich auch erzielen, indem das Gehalt einen festen und einen gewinnabhängigen Teil enthält. Aus meiner Sicht ist dieses Vorgehen sogar empfehlenswert und es spricht nichts dagegen, 10 oder 20 Prozent seines Gehalts in Form einer Tantieme auszuschütten. Höhere Prozentsätze können Probleme verursachen, da das Finanzamt auch in solchen

Fällen schnell von einer verdeckten Gewinnausschüttung ausgeht. Tantiemen lassen sich nur dann auszahlen, wenn sie erstens vor Beginn des Geschäftsjahres im Anstellungsvertrag festgelegt werden. Zweitens kann das Geld erst fließen, wenn die GmbH ihren Jahresabschluss erstellt und gebilligt und darin ihren Gewinn festgestellt hat. Steuerlich gesehen zählt die Tantieme zum Grundgehalt dazu und erhöht es entsprechend. Die persönliche Einkommensteuer berechnet sich dann aus der Gesamtsumme von festen und variablen Gehaltsbestandteilen. Noch ein Wort zur Steuer: Die höhere Ausschüttung reduziert gleichzeitig die Steuerlast der GmbH. Hier gilt es also wieder, die optimale Balance zu finden.

Die optimale Gehaltshöhe

Sehr viel eindeutiger und weniger schwammig lässt sich die Frage beantworten, welches Gehalt aus steuerlichem Blickwinkel als optimal anzusehen ist – eine Frage, die auch viele langjährige GmbH-Geschäftsführer interessiert. Erfahrungsgemäß bieten sich bei zahlreichen Unternehmen erhebliche Optimierungspotenziale in steuerlicher Hinsicht.

FALLBEISPIEL 4: FRED

Fred ist Geschäftsführer und Alleingesellschafter einer gut gehenden GmbH. Sein Gehalt legt er selbst fest und orientiert sich dabei an vergleichbaren GmbHs. Er erhält monatlich 10.000 Euro brutto. Von dem Geld, das ihm netto bleibt, gibt er 3.000 Euro für seine Lebenshaltungskosten aus. Den Rest spart er.

Seine Rechnung lautet:

Bruttogehalt	**10.000 €** (vor der Optimierung)
Lohnsteuer (Klasse I)	**3.877 €**
Nettogehalt	**6.123 €**

Würde Fred sein Gehalt reduzieren, könnte er erheblich Lohnsteuer sparen. Er würde dennoch 3.000 Euro für seinen Lebensunterhalt erhalten. Die GmbH spart aber erheblich an Steuern:

Bruttogehalt	**4.100 €** (nach der Optimierung)
Lohnsteuer (Klasse I)	**1.075 €**
Nettogehalt	**3.025 €**

Fred bezahlt also 2.802 Euro weniger Steuern. Allerdings muss die GmbH mehr Steuern bezahlen, weil ihr Gewinn steigt. Anstatt 10.000 Euro Gehaltszahlungen fallen nun nur noch 4.100 Euro an. Diese Ersparnis von 5.900 Euro muss die GmbH mit 15 oder 30 Prozent (inkl. Gewerbesteuer) versteuern. Bei 30 Prozent bezahlt sie 1.770 Euro Steuern.

Gesamtsteuern nach der Optimierung:

Einkommensteuer (in Form von Lohnsteuer)	**1.075 €**
Körperschaftsteuer und Gewerbesteuer	**1.770 €**
Summe Steuern	**2.845 €**

Im Vergleich zum (hohen) Gehalt spart Fred 1.032 Euro oder mehr als 10 Prozent der ursprünglichen Summe. Diese 1.032 Euro bleiben Monat für Monat übrig und können in der GmbH angelegt werden, um noch mehr Erträge zu erwirtschaften.

Von steuerlichen Gesichtspunkten abgesehen, reduziert das Gehalt den Gewinn der GmbH. Gleichwohl ist es nicht steuerfrei. Wie bereits erwähnt, unterliegt das Gehalt des Inhabers und Geschäftsführers der GmbH der Lohnsteuer. Nun beginnt eine ganz einfache Rechenaufgabe, mit der sich die optimale Gehaltshöhe bestimmen lässt. Die GmbH bezahlt etwa 30 Prozent Steuern auf ihren Gewinn. Wer seine steuerliche Situation optimieren möchte, der sollte sein Gehalt so festsetzen, dass die Einkommensteuer dafür ebenso mit höchstens 30 Prozent zu Buche schlägt. Liegt der Einkommensteuersatz darüber, dann ist es sinnvoll, das Gehalt zu senken und den übrig bleibenden Betrag eher durch die GmbH versteuern zu lassen. Anders herum läuft es genauso: Sinkt der Einkommensteuersatz signifikant unter 30 Prozent, kann sich der Geschäftsführer ein höheres Gehalt gönnen und die Schwelle damit besser ausnutzen. Nach der aktuellen Steuertabelle beträgt das optimale Gehalt mit einer Steuerbelastung von 30 Prozent 30.000 Euro bei Alleinstehenden und 60.000 Euro bei Verheirateten. Die Steuerlast von Verheirateten bemisst sich nach dem gemeinsamen Gesamteinkommen, die Aufteilung zwischen den Partnern spielt keine Rolle für die Höhe der Steuer.

„Das Gehalt sollte ausschließlich den persönlichen Bedarf decken."

Soviel zur Theorie. Wie aber sieht eine praktische Lohnrechnung aus? In den vorigen Kapiteln war ja bereits häufiger vom persönlichen Bedarf die Rede. Wer eine GmbH gründet, denkt in den meisten Fällen zunächst an sich und seine Familie. Kann die neue Firma mich ernähren? Wie komme ich an das Geld der Firma, wenn ich es zum Leben benötige? Welche Ausgaben muss ich überhaupt von meinem Lohn bestreiten? Zudem sollte die Zweiteilung der Einnahmen in getrennte Rechnungen für Konsum und Vermögen präsent bleiben. Deshalb geht es einem GmbH-Geschäftsführer in punkto Lohn ganz anders als einem Arbeitnehmer. Wo sich Peter stets darum bemühen wird, von seinem Chef möglichst viel Gehalt zu bekommen, geht Albert eher den entgegengesetzten Weg. Er fragt sich, was er mindestens zum Leben braucht und berechnet, mit welchem Betrag sich die laufenden Kosten bequem decken lassen. Alles andere wandert in den Vermögensaufbau. Und so lautet auch die Empfehlung dieses Buches: Wählen Sie Ihr Gehalt lediglich so hoch, dass es die privaten Kosten Ihrer Lebensführung deckt. Das klingt zwar trivial, oft fehlt jedoch der Einblick in den genauen Bedarf an lebensnotwendigen Gütern und Dienstleistungen. Diesen zu kennen, ist jedoch von zentraler Bedeutung. Sie sollten hier also genau nachrechnen.

Exkurs 9: Der persönliche Bedarf

Listen Sie anhand Ihrer Kontoauszüge alle Ein- und Ausgänge auf Ihrem Girokonto für die letzten 12 Monate übersichtlich auf. In die Spalten kommen die Monate, in die Zeilen Einnahmen und Ausgaben. Die Einnahmen können enthalten:

- **Gehalt**
- **Einnahmen aus selbständiger oder unternehmerischer Tätigkeit**
- **Erstattungen von Versicherungen**
- **Zinsen und Erträge**

Die Ausgaben dürften einige mehr Zeilen füllen. Sicher ist es hilfreich, nach logischen Gesichtspunkten zu gliedern. Haben Sie mit der Liste begonnen und Sie entdecken eine neue Art von Ausgabe, ergänzen Sie einfach eine Zeile.

- **Miete/Immobilienkreditraten**
- **Wohnnebenkosten**
- **Telefon/Internet**
- **Haftpflichtversicherung**
- **Lebensversicherung**
- **Rentenversicherung**
- **Autoversicherung**
- **Sprit**
- **Autosteuer**
- **Sparplan/Riester**
- **Kindergarten**
- **Barabhebung**
- **Urlaub**
- **Essen gehen**
- **GEZ**
- **Einkäufe (lässt sich ggf. in Lebensmittel, Kleidung u. ä. gliedern)**

Die Summe aller Ausgaben ergibt den Mindestbetrag des Netto-Gehalts, der nötig ist, um kostendeckend leben zu können. Wohlgemerkt:
Wir sprechen hier von der Nettosumme. Wer sein Mindestgehalt als GmbH-Geschäftsführer ausrechnen will, muss also noch die Einkommensteuer dazurechnen. Die genauen Beträge lassen sich aus der jeweils gültigen Einkommensteuertabelle ersehen.

Wichtig ist es, das eigene Gehalt nicht zu niedrig anzusetzen, sonst gerät man leicht in eine Schieflage. Unterjährig ist es nicht möglich, das Gehalt anzupassen, und Gewinnentnahmen sind auch nicht ohne weiteres möglich. Deshalb ist es auf jeden Fall sinnvoll, einen Puffer einzubauen, kalkulieren Sie also nicht zu knapp. Halten Sie die 2.000 Euro aus unserem Beispiel als Monatslohn für sparsam kalkuliert?

Wie sich der persönliche Bedarf senken lässt

Keine Angst, ich will Sie nicht auf Geld-Diät setzen! Konsumieren Sie bitte und kaufen Sie sich die Dinge, die Sie haben möchten (sofern Sie es sich leisten können). Der auf den ersten Blick niedrig erscheinende Betrag entsteht, weil wir als GmbH-Geschäftsführer zum Glück ein wenig anders rechnen können als in unserer Rolle als Arbeitnehmer oder Einzelunternehmer. Der Grund ist ganz einfach. Viele der bisherigen Ausgaben lassen sich durch unsere neue Rolle in die Firma verlagern. Beispiel Altersvorsorge: Als Altersversorgung kann die GmbH fungieren, indem sie ihre Erträge als Ruhegeld zahlt. Wie das genau funktioniert, sehen wir in den kommenden Kapiteln. Beim genauen Blick auf die bisherigen Ausgaben geraten meistens noch weitere Beträge auf die Abschussliste. Entweder es finden sich Beiträge für ein Fitnessstudio, das man seit Jahren nicht mehr besucht hat, oder es fällt auf, dass noch immer ein alter Handyvertrag läuft. Ohnehin ist es steuerlich gesehen sinnvoll, alles was mit Telekommunikation zu tun hat, von der Firma bezahlen zu lassen. Das kann der Arbeitnehmer nicht, aber der Arbeitgeber darf dem Arbeitnehmer laut § 3 Nr. 45 EStG die Privatnutzung der Telekommunikationseinrichtungen gestatten. Was fällt alles unter diese Regelung? Dazu gehört neben Handy und privatem Telefonschluss sicher auch das Internet in der Wohnung. Wer weiter denkt, rechnet auch den internetfähigen Computer dazu oder sogar den internetfähigen Fernseher. Allerdings verläuft hier irgendwo die Grenze, an der das Finanzamt uns einen Strich durch die Rechnung machen wird. Doch ganz eindeutig fallen die monatlichen Telefon- und Handyrechnungen unter diese Bestimmung. Dank dieses Prinzips sinkt der persönliche Bedarf um eine beträchtliche Summe und es führt dazu, dass der persönliche Bedarf eines GmbH-Geschäftsführers fast ausschließlich aus dem Betrag besteht, der in den unmittelbaren Konsum wandert. Dazu aber später mehr, lassen Sie uns zunächst einen Blick in Topf zwei werden.

Das Gehalt des Geschäftsführers unterliegt der Einkommensteuer, deshalb sollte es so niedrig wie möglich ausfallen und lediglich dazu dienen, den persönlichen Bedarf zu decken. Zur Feststellung der optimalen Gehaltshöhe ist es daher erforderlich, den persönlichen Bedarf bereits vorab exakt zu berechnen.

!

Säule zwei – Rückstellungen und Rücklagen

Nun haben wir gesehen, weshalb sich Albert 2.000 Euro Lohn pro Monat aus den Einnahmen seiner GmbH bezahlt. Wie aber kommt er darauf, 10.000 Euro pro Jahr für Rücklagen und Rückstellungen einzubehalten? Ganz einfach, er sorgt vor, um für eventuelle Belastungen in der Zukunft gewappnet zu sein. Übrigens dürfen Rückstellungen und Rücklagen nicht verwechselt werden. Rücklagen gehören zum Eigenkapital und spielen in meiner Strategie keine Rolle, Rückstellungen dagegen gehören als Passivpositionen in die Bilanz und bieten sich hervorragend dazu an, Vermögen zu bilden. Was steuerrechtlich unter diese Begriffe fällt, ist einer sehr umfangreichen Liste der Finanzverwaltung zu entnehmen – ungefähr 400 Positionen umfasst diese. Einige Beispiele: Eine Firma darf Rückstellungen bilden für Kosten, die durch die bestehenden Archivierungspflichten in Zukunft entstehen werden. Wie wir wissen, müssen wir Belege usw. über zehn Jahre hinweg archivieren, um nachträgliche Steuerprüfungen zu ermöglichen. Diese Aufgaben erfordern etwa Stauraum oder Archivpersonal und verursachen damit Kosten in der Zukunft. Und dafür darf eine Firma Rückstellungen bilden. Gleiches gilt für die Gefahr, dass Kunden nicht zahlen werden oder Nachbesserungen verlangen. Weit verbreitet sind Steuerrückstellungen und Pensionsrückstellungen. Manche Rückstellungen fordert der Fiskus sogar verpflichtend. Das gilt beispielsweise in Fällen, in denen eine Firma Mitarbeiter beschäftigt und diesen Pensionsansprüche zubilligt. Dafür muss sie

Rückstellungen bilden. Das HGB (Handelsgesetzbuch) schreibt vor, dass Rückstellungen nach vernünftiger kaufmännischer Beurteilung zu bilden sind. Auf gut deutsch: Viele dieser Bestimmungen sind Kann-Bestimmungen, ein Unternehmer entscheidet selbst darüber, ob er Rückstellungen für einen bestimmten Fall bildet. Selbstverständlich lassen sich Rückstellungen auch wieder auflösen, in diesem Fall zählen sie zum Gewinn.

„Rückstellungen sind weitgehend optional."

Wir können in unserer Firma jedoch auch künstlich Rückstellungen bilden. Was geschieht zum Beispiel, wenn die GmbH ihrem Geschäftsführer einen Brief schreibt? In diesem steht, dass er gute Arbeit leistet und deshalb ab dem 65. Lebensjahr ein Ruhestandsgehalt von 1.000 Euro im Monat erhält. Dieser Brief kostet höchstens das Briefpapier, hat aber gewaltige, steuerliche Auswirkungen. Die GmbH ist mit diesem Brief eine Pensionsverpflichtung eingegangen und muss deshalb Rückstellungen dafür bilden. Wie hoch diese Rückstellungen ausfallen, wird im Einzelfall mit Hilfe eines versicherungsmathematischen Gutachtens berechnet. Hinein spielen zum Beispiel Rentenhöhe oder Anspardauer. Der angesparte Betrag baut sich jedes Jahr auf und wenn der Geschäftsführer das Rentenalter erreicht, zahlt ihm die Firma aus diesen Geldern das vereinbarte Ruhestandsgeld. Mit einem einfachen, selbst geschriebenen Brief lassen sich also Tausende von Euro Rückstellungen bilden. Allerdings dürfen Ruhestandsgelder erst ab dem 60. Lebensjahr fließen, frühere Zusagen erkennt der Fiskus nicht an. Kein Problem ist es dagegen, die Begünstigung erst mit dem 70. Lebensjahr beginnen zu lassen.

Dabei lässt sich eine solche Ruhestandsgeldzusage jederzeit anpassen. Zu Beginn kann sie beispielsweise 500 Euro betragen und wenn die Geschäfte gut gehen, ist eine Erhöhung möglich. Allerdings hat auch der Gesetzgeber erkannt, dass es sich bei dieser Möglichkeit um ein tolles Steuersparmodell handelt. Hellhörig wird der Fiskus daher bei einer potenziellen Überversorgung. Ein Geschäftsführer darf deshalb im Rentenalter nicht mehr Ruhestandsgeld bekommen, als er in der aktiven Zeit Gehalt bezieht. Daran muss man denken, wenn man in einem schlechten Jahr sein Gehalt absenkt. Die genannten Regelungen gelten selbstverständlich analog auch für andere Mitarbeiter der GmbH. Auch für diese kann sie derartige Zusagen geben. Nochmals zum Verständnis: Alle genannten Rückstellungen kosten uns in Wirklichkeit zunächst keinen Cent, sie stellen lediglich fiktive Posten in der Bilanz dar. Sie wandern von der einen Tasche in die andere. Aber warum sollten wir dann überhaupt Rückstellungen bilden? Weil sie selbstverständlich den Gewinn unserer Firma mindern und damit auch deren Steuerlast. Ganz wichtig im Sinne dieser Strategie ist es also, beispielsweise das Archivieren der Akten nicht in fremde Hände zu geben. Ein Dienstleister könnte das zwar genauso gut wie wir, nur müssten wir ihm tatsächlich Geld dafür bezahlen. Aber genau das wollen wir ja vermeiden und (auch) mit Hilfe der Rückstellungsbeträge ein Vermögen aufbauen. Mit welchen Beträgen die Firma jeweils den Topf Rückstellungen speist, lässt sich an die aktuelle Geschäftsentwicklung knüpfen. So kann in guten Jahren mehr Geld in die Rückstellungen wandern, in schlechten dementsprechend weniger. Das Gesetz schreibt hier allerdings eindeutige Grenzen vor, in deren Rahmen sich die Rückstellungen bewegen müssen.

Insgesamt haben wir es bei diesem Thema mit sehr komplexen Rahmenbedingungen zu tun. So sind unzählige Bücher erhältlich und eine individuelle Beratung daher unbedingt erforderlich. Gerade beim Thema Rückstellungen ist eine exakte Planung gefragt. Meine Steuerstrategie setzt immer darauf, die Finanzen eigenverantwortlich zu regeln und dadurch zu profitieren, sie verpflichtet jedoch gleichzeitig dazu, die Regeln genau im Blick zu behalten und sie aktiv zu nutzen. Einfacher ist es selbstverständlich, derartige Möglichkeiten nicht auszunutzen. Doch dann lassen sich die genannten Potenziale nicht heben. Angesichts der vorhandenen Chancen beim richtigen Umgang mit Rückstellungen rate ich deshalb davon ab, die eigene Altersversorgung mit Hilfe von Versicherungen zu bestreiten. Das Geld müsste zunächst versteuert werden und danach wandert es aus der GmbH hinaus in fremde Hände. Damit ist es weg und wir können nicht absehen, was die Versicherung damit anstellt. Besser ist es, das Geld zu behalten und es selbst verantwortungsvoll anzulegen.

„Mit Hilfe von Rückstellungen lässt sich steuerfrei eine Altersvorsorge aufbauen."

Rückstellungen sind grundsätzlich auch für Einzelunternehmen denkbar, allerdings gelten dort sehr viel engere Regeln als im Fall von Kapitalgesellschaften. Zudem besteht als weitere Voraussetzung, dass der Einzelunternehmer bilanziert. Doch gerade auf diesen Aufwand verzichten die meisten Einzelunternehmen. Denn soweit keine Eintragung im Handelsregister nötig ist, besteht bis zu einem steuerlichen Jahresgewinn von 50.000 Euro oder einem Jahresumsatz von 500.000 Euro keine Pflicht zur Bilanzierung (Freiberufler müssen unabhängig von Umsatz und Gewinn nie bilanzieren). Aber auch wenn der Einzelunternehmer bilanziert, kann er sich beispielsweise keine Zusage zur Altersvorsorge machen und diese zentrale Rückstellung nicht bilden.

Natürlich muss die GmbH alle Rückstellungen auch irgendwann wieder auflösen. Das ist dann der Fall, wenn der Grund für die Rückstellung entfällt. Dann müssen sie versteuert werden und zählen als ganz normaler Gewinn. Wie üblich fallen darauf 15 oder 30 Prozent Steuern an. Dann können allerdings wieder neue Rückstellungen gebildet werden. Im Grunde haben wir durch die Rückstellungen die Versteuerung lediglich in die Zukunft verschoben und das Geld bleibt in der Firma, anstatt zum Finanzamt zu wandern. So ist es möglich, mit dem Geld zu arbeiten und weitere Erträge damit zu erwirtschaften. Und dass es auf den Zeitpunkt der Versteuerung ankommt, haben wir auf Seite 53 gesehen.

Rückstellungen dienen dazu, Ausgaben für eventuelle Belastungen in der Zukunft schon im Vorfeld anzusparen. Damit ist es möglich, steuerfrei Geld zurückzulegen und beispielsweise später in Form eines Ruhestandsgeldes wieder auszuzahlen. Steuerlich günstig sind Rückstellungen, weil sie den zu versteuernden Gewinn mindern.

Säule drei – Der Gewinn

Nachdem die zwei Töpfe Lohn und Rückstellungen/Rücklagen geklärt sind, folgt nun der spannendste Bereich – erkennbar daran, dass wir in Alberts Beispiel mit 26.000 Euro den dicksten Batzen als Gewinn deklarieren. Wie wir schon gesehen haben, bezahlt die GmbH auf ihren Gewinn keine Einkommensteuer, sondern Körperschafts- und Gewerbesteuer. So weit, so klar. Viel wichtiger ist, dass sich der Gewinn bei einer GmbH anders berechnet, als dies bei einer Person oder einer Personengesellschaft der Fall ist, und nun wird es spannend: Was ist der Gewinn? Vereinfacht ausgedrückt, besteht der Gewinn aus den Betriebseinnahmen, von denen die Betriebsausgaben abgezogen werden. Diese Differenz nennt sich Gewinn. Jetzt kommen wir zum großen Unterschied zwischen dem Arbeitnehmer und einem Unternehmen. Nicht der Staat (vertreten durch das Finanzamt) entscheidet über die Betriebsausgaben, jeder Unternehmer erledigt das selbst. Das ist auch richtig so, denn nur er weiß, welche Betriebsausgaben notwendig sind. Er entscheidet selbst, ob er sich einen Firmenwagen anschafft, eine Bahncard 100, oder beides. Diese Entscheidung trifft die GmbH vertreten durch ihre Gesellschafter.

Ausgaben mindern den Gewinn

Die Regel beim Geltendmachen lautet: Alle betrieblich veranlassten Ausgaben lassen sich absetzen. Es entscheiden also nicht Art und Höhe der Ausgaben, sondern in welchem Kontext sie erfolgen. Gehe ich Pizza essen mit einem Freund, weil ich Hunger habe, oder gehe ich Pizza essen, weil ich mit einem Geschäftspartner in ungezwungener Atmosphäre geschäftliche Angelegenheiten bespreche? Nötig sind die richtige Begründung und die Dokumentation fürs Finanzamt – die selbstverständlich auch noch nach Jahren im Fall einer Steuerprüfung reproduzierbar sein müssen. Diese Dokumentation ist in jedem Einzelfall und bei jedem Beleg erforderlich. Damit der Staat hier mitspielt, kommt es auf glaubhafte Begründungen an. Das tägliche Pizzaessen wird der Fiskus garantiert nicht anerkennen, genauso unglaubwürdig ist es jedoch, ein ganzes Jahr lang nicht geschäftlich essen zu gehen.

„Manche Ausgaben sieht das Finanzamt kritisch."

Wie in jedem Land sieht das Finanzamt auch hierzulande bestimmte Ausgaben sehr kritisch. Doch dafür gibt es Listen und es lässt sich vorab bereits einschätzen, wo die Grenze verläuft. Beispielsweise gelten Geschenke an Personen, die nicht Arbeitnehmer sind, nur bis zu einer Höhe von 35 Euro pro Jahr als absetzbar. Wer über dieser Freigrenze liegt, verwirkt damit auch die 35 Euro und geht leer aus. Ausnahmen sind Arbeitsmittel. Ein Füllfederhalter für 100 Euro lässt sich also absetzen. Der Fiskus weigert sich auch bei Ausgaben für sogenannte Einrichtungen zur Beherbergung und Unterhaltung von Personen außerhalb des Betriebs. Ein Gästehaus beispielsweise lässt sich also nicht absetzen. Im Fall von Bewirtungen lassen sich 70 Prozent des Rechnungsbetrags absetzen, allerdings nicht, wenn diese auf einer Yacht stattfinden. Derlei Regeln stehen im Gesetz und eine eventuelle Feilscherei mit dem Finanzamt ist daher vollkommen überflüssig.

Exkurs 10: Ein Abzugsspiel

Sehr große Mühe gibt sich der Fiskus damit, die Abzugsmöglichkeiten von Sonderausgaben zusammenzustreichen. Ein Beispiel dafür ist die Deckelung der Vorsorgeaufwendungen. Gerichte haben nun entschieden, dass die Krankenversicherung auf jeden Fall zum Existenzminimum gehört. Für den Gesetzgeber sind deshalb die Ausgaben in Höhe der gesetzlichen Krankenversicherung absetzbar, aber keine Chefarztbehandlung oder auch keine anderen Versicherungen. Nun erfolgt immer eine Günstigerrechnung und meist verdrängen die Krankenversicherungsbeiträge die anderen Vorsorgeaufwendungen. Alle anderen Versicherungen wirken sich also steuerlich nicht mehr aus. So weit, so schlecht. Aber wieso fragen wir nicht unsere Krankenversicherung, ob wir die Beiträge für die Jahre 2013 und 2014 am 15.12.2013 auf einmal bezahlen dürfen? Dieser Betrag ist dann 2013 voll absetzbar und im Jahr 2014 fällt kein Krankenkassenbeitrag an. Weil 2014 keine Krankenversicherungsbeiträge mehr zu zahlen sind, können wir die Höchstbeträge für Vorsorgeaufwendungen anderweitig nutzen, etwa für Lebensversicherungen oder Haftpflichtversicherungen. Diese Vorgehensweise kann 2.000 oder 3.000 Euro pro Jahr ausmachen. Hier muss nur die Krankenkasse mitspielen.

Auch Einzelunternehmer oder sogar Arbeitnehmer kennen die Möglichkeiten, einzelne Aufwendungen von der Steuer abzusetzen; das heißt, das persönliche Einkommen zu mindern und somit auch die Steuerlast zu senken. Beispiele dafür sind das häusliche Arbeitszimmer oder Fahrten zur Arbeitsstelle. Diese Werbungskosten hat der Fiskus in den letzten Jahren stark eingeschränkt. Entstanden ist ein extrem komplizierter Paragraph, der kaum mehr zu verstehen ist. Deutlich mehr Möglichkeiten, den Gewinn zu mindern, stehen Unternehmen offen. Hier gehen nämlich (fast) alle Kosten vom Gewinn ab, die auf den Namen der GmbH lauten. Besitzt die GmbH beispielsweise ein Auto, dann gehen die Beträge in Verbindung mit dem Auto auf die Kappe der GmbH. Kauft die GmbH ein Telefon (sogar wenn es sich um ein iPhone handelt) mitsamt einem Vertrag mit Flatrate für Telefon und Internet, dann gehen auch diese Kosten zulasten der GmbH. Ein Abschlag für die private Nutzung findet nicht statt. Wichtig ist nur, dass die GmbH in all diesen Fällen Besteller der Leistung sein sollte und die entsprechende Rechnung empfängt und bezahlt. Alle Betriebsausgaben müssen also über die GmbH abgerechnet werden. Extrem günstig ist es, dass diese Kosten für die privaten Finanzen wegfallen – gemäß unserer Strategie, die privaten Kosten möglichst gering zu halten.

Das Wunderbare im Fall einer GmbH: Es lassen sich fast alle Arten von Ausgaben absetzen. Es kommt nur darauf an, dass diese Ausgaben durch den Betrieb der GmbH veranlasst sind. Das nennt man dann Betriebsausgaben. Wer Unternehmer ist, kann deshalb alle Betriebsausgaben absetzen. Veranlasst bedeutet hier, dass diese Ausgaben mit dem Betrieb zusammenhängen und ihm zugutekommen. Art und Höhe der Ausgaben bestimmt der Unternehmer. Das Finanzamt prüft nicht, ob die Ausgaben notwendig sind und es prüft auch nicht, ob die Ausgaben zweckmäßig oder üblich sind. Vorsicht ist nur dann angeraten, wenn es sich um Ausgaben handelt, die der privaten Lebensführung dienen. Das gilt etwa für Güter aus den Bereichen Kleidung, Wohnen und Ernährung. Diese lassen sich in der Regel nicht absetzen. Und je näher derartige Ausgaben an die private Lebensführung kommen, umso besser müssen die Argumente sein. Davon abgesehen zählen jedoch alle Ausgaben, die durch den Betrieb veranlasst sind. Erst nach Abzug dieser Betriebsausgaben steht unter dem Strich der Gewinn. Nur auf diesen Betrag fällt die Steuer an. Selbstverständlich können Selbständige oder Unternehmer die Höhe ihres Gewinns auch steuern, indem sie Aufträge annehmen oder nicht. Dieser Hebel wirkt auf die Betriebseinnahmenseite der Rechnung, soll hier jedoch nicht Thema sein.

Tücken beim Kostenabzug

Im Zuge der Erörterung des persönlichen Bedarfs ging es kurz darum, dass sich viele Ausgaben von Einzelunternehmern und Arbeitnehmern auf die GmbH verlagern lassen. Damit beginnt der Steuerspaß aufs Neue. Überlegen Sie bitte, welche Kosten Sie bisher selbst getragen haben, die aber in Zukunft auf das Konto der GmbH gehen können. In der Liste aus Exkurs 9 kommen zum Beispiel folgende Positionen in Betracht:

1. **TELEFON**
2. **AUTO**
3. **ESSEN GEHEN**
4. **REISEN**
5. **GELDANLAGEN**

Punkt eins ist schnell abgehandelt, die entsprechende Regelung kennen wir bereits. Deutlich komplizierter sieht es bei Punkt zwei aus. Wie wir schon erwähnt haben, lässt sich ein Auto, das der GmbH gehört, als Firmenwagen behandeln. Das bedeutet: Alle Kosten im Zusammenhang mit dem Fahrzeug trägt die Firma und nicht der Geschäftsführer. Zur Verdeutlichung nochmals der Blick auf den Einzelunternehmer. Auch dieser könnte unter Umständen die oben genannten Beispiele über sein Geschäft laufen lassen. Er muss sich aber kritische Fragen vom Finanzamt gefallen lassen:

- **Ist das Auto überhaupt überwiegend betrieblich genutzt?**
- **Wie hoch ist der Privatanteil der Telefonnutzung?**

Im Fall der GmbH stellen sich solche Fragen nicht und beim Telefon hakt das Finanzamt nicht einmal nach. Beim Auto dagegen existieren sehr wohl Einschränkungen. Es steht der Firma zu 100 Prozent zur betrieblichen Nutzung zu Verfügung und das gilt selbst dann, wenn der Geschäftsführer das Fahrzeug (auch) für private Fahrten nutzen darf. Dieser Punkt sollte im Anstellungsvertrag mit der GmbH geregelt sein. Allerdings muss der Geschäftsführer für den Vorteil der privaten Pkw-Nutzung einen geldwerten Vorteil versteuern – dazu unten mehr. Aber erst einmal entstehen Kosten für die GmbH, beispielsweise für

- **ANSCHAFFUNG**
- **WARTUNG**
- **STEUER**
- **VERSICHERUNG**
- **SPRIT**
- **ÖL**
- **AUTOWÄSCHE**
- **TÜV**
- **REPARATUREN**
- **PARKGEBÜHREN**
- **GARAGENMIETE**
- **und vieles mehr**

Ist das Geschäft der GmbH umsatzsteuerpflichtig, lässt sich von diesen Kosten die Vorsteuer abziehen. Das funktioniert natürlich nur dann, wenn ordnungsgemäße Rechnungen vorliegen, die auf den Namen der GmbH lauten. Aufgrund der Trennungstheorie (Erläuterung auf S. 93) gehört das Auto der GmbH. Davon unberührt bleibt jedoch die Frage, wie die private Nutzung des Fahrzeugs abzurechnen ist. Grundsätzlich gilt hier, dass es in vielen Fällen unrealistisch erscheint, ein Firmenfahrzeug würde nur für die Zwecke der Firma genutzt. Das Steuergesetz sagt ganz klar, dass diese ausschließlich betriebliche Nutzung nachzuweisen ist. Und dieser Nachweis lässt sich kaum erbringen, es sei denn, ein Pförtner verwaltet den Autoschlüssel und händigt ihn nur zu speziellen Dienstfahrten aus. Dazu müsste das Auto außerhalb der Dienstfahrten auf dem Firmenparkplatz stehen. Das werden die wenigsten Unternehmen so regeln (wollen). Üblich ist es vielmehr, den Firmenwagen auch privat zu nutzen.

Der Umfang privater Fahrten mit dem Auto lässt sich ausschließlich mit einem vollständigen und zeitnah geführten Fahrtenbuch erbringen. Allerdings erweist sich diese Aufgabe in der Praxis als ausgesprochen schwierig – auch aus eigener Erfahrung. Ich habe bereits mehrfach versucht, ab Jahresbeginn das Fahrtenbuch zu führen. Spätestens am 10. Januar kamen die ersten Unsicherheiten, ich hatte eine Fahrt vergessen und konnte nicht mehr alles nachvollziehen. Und so geht es den meisten Menschen. Deshalb kann man sich die Arbeit mit dem Fahrtenbuch sparen, unvollständige Angaben erkennt der Fiskus ohnehin nicht an. Theoretisch ist auch ein elektronisches Fahrtenbuch vorstellbar. Dabei zeichnet ein GPS-Gerät sämtliche Fahrten auf und der Computer erfasst Tag, Uhrzeit, Startposition, Fahrtziel und Fahrtkilometer. Der Fahrer muss nur noch den Anlass der Fahrt ergänzen. Aber: Wer ist scharf auf eine solche 100-Prozent-Überwachung? Und wie begründet man den Umweg zur Eisdiele? Muss die Fahrt dann insgesamt als privat gelten?

„Firmenfahrzeuge sind dem Fiskus ein Dorn im Auge."

Bleibt als weitere – und in der Regel einfachste – Berechnungsmöglichkeit der privaten Nutzung die sogenannte 1-Prozent-Methode. Diese sieht vor, 1 Prozent vom Listenneupreis des Fahrzeugs pro Monat als pauschale Abgeltung für alle privaten Fahrten zu versteuern. Bei einem Auto mit Listenneupreis von 50.000 Euro ergeben sich damit 500 Euro pro Monat. Dazu kommen 0,03 Prozent des Listenneupreises pro Entfernungskilometer von der Wohnung zur Betriebsstätte des Arbeitnehmers. Bei 10 km Entfernung vom Betrieb sind also 1,3 Prozent des Listenneupreises des Autos monatlich zu versteuern, in unserem Beispiel 650 Euro. Doch ist auch dieser Betrag nicht komplett zu bezahlen, zu Buche schlägt lediglich die Lohnsteuer darauf. Die genannten 650 Euro erhöhen also unseren steuerpflichtigen Lohn und wir bezahlen so viel Lohnsteuer, als hätten wir 650 Euro mehr verdient. Mit dem Steuersatz von 30 Prozent ergeben sich damit rund 195 Euro zusätzlich, die an das Finanzamt gehen. Bei einem höheren persönlichen Einkommensteuersatz steigt der Satz entsprechend.

Firmenwagen geben jedoch noch weitere Punkte zu bedenken. So geht das Finanzamt immer vom Listenneupreis des jeweiligen Fahrzeugs aus. In vielen Fällen gereicht diese Einordnung zum Nachteil des Steuerpflichtigen, denn der Listenneupreis berücksichtigt nicht die (oftmals hohen) Rabatte, die Autohändler den Neuwagenkäufern gewähren. Es spielt gar keine Rolle, dass der Wagen mit einem Listenneupreis von 50.000 Euro tatsächlich nur 41.000 Euro gekostet hat. Abschreiben darf die Firma nur den tatsächlich gezahlten Betrag, zu versteuern sind jedoch 50.000 Euro. Der Listenneupreis gilt zudem als Preis inklusive Mehrwertsteuer, obwohl die Mehrwertsteuer einen durchlaufenden Posten darstellt und das Unternehmen nicht belastet. Der Listenneupreis zählt sogar auch im Fall gebrauchter Autos. Wer beispielsweise einen Gebrauchtwagen für 5.000 Euro anschafft, muss trotzdem jeden Monat 650 Euro für die private Nutzung versteuern.

Kommt der Firmenwagen nicht in Frage, lässt sich das Auto auch als Privatfahrzeug anschaffen. Wer in diesem Fall Dienstreisen im Interesse der GmbH durchführt, stellt der GmbH die Kilometer in Rechnung – entweder mit einer Pauschale von 0,30 Euro pro Kilometer oder mit den tatsächlichen Kosten, die nachzuweisen sind. Als wesentlicher Nachteil dieser Lösung ist zu beachten, dass die Umsatzsteuer verloren geht. Ein Privatmann kann der GmbH keine Umsatzsteuer in Rechnung stellen und auch der Vorsteuerabzug funktioniert nicht. Es besteht allenfalls die Möglichkeit, die Tankfüllung anlässlich einer Dienstfahrt durch die GmbH bezahlen zu lassen. In diesem Fall kann die GmbH die Vorsteuer aus dieser Spritrechnung abziehen, nicht aber die Spritrechnung selbst. Das alles klingt kompliziert? Ist es auch. Allein über dieses Thema wurden schon zahlreiche Bücher geschrieben und es existieren jede Menge Streitpunkte, die Gerichte zu klären haben. So viel zum Thema Firmenwagen und dessen privater Nutzung. Jetzt kommen wir zum dritten Punkt unserer kleinen Liste und wollen die Gaumenfreuden näher betrachten.

Steuern Sparen durch kleine Zettel

Bei Seminaren, Vorträgen oder Schulungen führe ich regelmäßig ein kleines Experiment mit den Teilnehmern durch. Ich lege einen 20-Euro-Schein und einen Bewirtungsbeleg über 75 Euro auf den Tisch und bitte die Umstehenden, wegzunehmen, was sie für wertvoller halten. Sie können es sich sicher denken, die meisten Personen greifen instinktiv zum Geldschein. Was denken Sie, können wir unseren Instinkten vertrauen? Rechnen wir nach: Eine Bewirtungsrechnung über 75 Euro enthält 19 Prozent Mehrwertsteuer, die uns das Finanzamt erstattet. In unserem Fall also 11,97 Euro. Die anderen 63,03 Euro kürzt das Finanzamt um 30 Prozent, weil nur 70 Prozent der Bewirtungskosten steuerlich absetzbar sind. Macht 44,12 Euro. Unser Steuersatz beträgt 30 Prozent, wir sparen durch den Abzug der 30 Prozent von 44,12 Euro Steuern in Höhe von 13,24 Euro. Der Bewirtungsbeleg bringt uns also 11,97 + 13,24 = 25,21 Euro Steuerersparnis. Wer das nächste Mal einen Bewirtungsbeleg achtlos wegwerfen will, denke bitte an diese Rechnung. Dasselbe gilt für die vielen Bewirtungsbelege, die nicht richtig ausgefüllt und daher vom Finanzamt nicht anerkannt werden. Wir merken uns: Ein Bewirtungsbeleg über 75 Euro ist wertvoller als ein 20-Euro-Schein! Essen kann also nicht nur zum leiblichen Wohl beitragen, es senkt zudem die Steuerlast. Ich bin deshalb immer entsetzt, wenn Firmen überhaupt keine Bewirtungsbelege geltend machen. Das kann nur Nachlässigkeit sein.

„Ein Bewirtungsbeleg über 75 Euro bringt 25,21 Euro Steuerersparnis."

Um den Wert eines Bewirtungsbelegs zu verdeutlichen, trägt auch eine andere Rechnung bei: Um welchen Betrag müssen Sie Ihr Bruttoeinkommen steigern, um das erwähnte Essen für 75 Euro zu verdienen? Wir nehmen wieder an, Sie gehören zum gut verdienenden Teil der Bevölkerung. Nach der

Tabelle in Exkurs 3 kosten die 75 Euro nicht nur 75 Euro, sondern auch noch 80 Prozent Steuern von 75 Euro, also 60 Euro. Insgesamt müssen Sie also 75 + 60 = 135 Euro brutto verdienen, um dieses Essen bezahlen zu können. Eine ziemlich frustrierende Rechnung, zugegeben. Dasselbe Essen kann jedoch deutlich preiswerter ausfallen. Als Geschäftsausgabe kostet es lediglich 63,03 Euro – Sie erinnern sich, das ist der Nettobetrag der 75 Euro, die Umsatzsteuer erstattet das Finanzamt zurück. Von diesen 63,03 Euro gelten 30 Prozent (18,91 Euro) als nicht anziehbare Betriebsausgaben und müssen versteuert werden. Wir rechnen wieder mit den bekannten 30 Prozent und kommen auf 15,13 Euro. Die GmbH muss also lediglich 63,03 + 15,13 = 78,16 Euro verdienen, um dieses Essen bezahlen zu können. Und die fröhlichen Esser müssen natürlich den Beleg aufheben, ausfüllen und in die Buchhaltung geben. Der Lohn dafür: Eine Ersparnis der GmbH im Vergleich zum Privatmann von 135 - 78,16 = 56,84 Euro oder 42 Prozent.

Dieses Sparwunder erfordert lediglich einige Angaben auf dem Beleg des Restaurants:

- **Namen aller Essensteilnehmer (auch der eigene Name),**
- **Nachweis der geschäftlichen Veranlassung („Geschäftsessen" reicht nicht!),**
- **Höhe der Kosten (einschließlich Trinkgeld),**
- **Ort, Datum und Unterschrift.**

Bitte nicht vergessen, den üblichen Thermobeleg zu fotokopieren und das Original auf die Fotokopie zu heften. Grund für diesen Aufwand ist die 10-jährige Aufbewahrungspflicht für die Belege. Da Thermobelege nach einiger Zeit nicht mehr lesbar sind, ist die Fotokopie erforderlich, und zudem gilt die Verpflichtung, auch den Originalbeleg zu archivieren. Es ist also einerseits sehr wichtig, die steuerlichen Regeln zu kennen und umzusetzen. Andererseits verlangen die Steuergesetze viele Nachweise und Dokumente. Erste Pflicht des Steuer-Sparers ist daher die Dokumentation. Wer diese versäumt, zahlt seine Strafe in Form einer höheren Besteuerung. So einfach ist das.

Als vierten Punkt unserer kleinen Liste haben Sie sicher noch die Reisen im Kopf. Auch die Kosten dafür lassen sich teilweise in die Firma verlagern. Die Regel ist ganz einfach: Reisekosten bezahlt die GmbH dann, wenn die Reise betrieblich veranlasst ist. Es kommt also wieder auf den betrieblichen Anlass an. Dieser sollte immer nachgewiesen und dokumentiert werden. Wohin die Reise geht, spielt aber keine Rolle. Ärztetreffen und auch Tagungen von Steuerberatern finden gelegentlich an touristisch interessanten Orten statt. Hier wird das Finanzamt genau hinschauen, ob sich der Anlass wirklich betrieblich begründen lässt oder ob es sich um eine versteckte Urlaubsreise handelt. Es spricht aber nichts dagegen, bei einer anstrengenden Tagung, die mehrere Tage dauert, nach dem Tagungsprogramm noch anschließend am Pool zu entspannen.

Beim fünften und letzten Punkt der Liste kommen erfahrungsgemäß auch viele langjährige GmbH-Geschäftsführer ins Grübeln. Denn die Betroffenen bringen Geldanlagen oft nicht in Zusammenhang mit ihrer Firma. Dabei ist der Grundsatz ganz einfach: Geldanlagen können auch in der GmbH erfolgen. Überhaupt nicht verstehen kann ich, warum viele Verantwortliche den Gewinn erst aus der GmbH ausschütten oder sich ein hohes Gehalt bezahlen, um Geld für Anlagezwecke zur Verfügung zu haben. Viel besser ist es, das niedrig besteuerte Geld in der GmbH anzulegen und die hohe Versteuerung hoher Gehälter dadurch zu vermeiden. Außerdem lassen sich weitere Steuervorteile bestimmter Geldanlagen innerhalb der GmbH nutzen. Dazu später mehr.

Gewinn ausschütten

Wer seine Einkünfte in einem Unternehmen verbucht, dem bietet sich also ein großer Spielraum, um den Gewinn zu beeinflussen. Aber was stellen wir nun mit dem Gewinn an, den wir nach unseren Wünschen gestaltet haben? Die GmbH kann einen Teil davon zum Beispiel an den Geschäftsführer ausschütten. In einem vorigen Kapitel haben wir uns ausführlich mit der optimalen Gehaltshöhe beschäftigt und den persönlichen Bedarf beleuchtet.

Vielleicht benötigt der Geschäftsführer in einem Jahr aber mehr Geld und will sich deshalb einen Teil des Gewinns genehmigen. Die Voraussetzungen dafür gelten analog zur bereits beschriebenen Tantieme. Erstens muss überhaupt ein Gewinn entstanden und zweitens muss dieser im Jahresabschluss gebilligt sein. Sind diese Bedingungen erfüllt, kann die Firma die festgestellten Gewinne jederzeit – auch noch Jahre danach – ausschütten. Darauf fallen 25 Prozent Abgeltungsteuer an. Aus meiner Sicht sollten die Eigner Gewinnausschüttungen jedoch so gut es geht vermeiden. Denn wir wollen ja möglichst viel Geld in der Firma lassen, um damit Vermögen bilden zu können. Außerdem haben wir unsere Gewinne bereits mit 15 Prozent Köperschafts- und ggf. nochmals etwa 15 Prozent Gewerbesteuer versteuert. Die zusätzliche Steuerbelastung in Höhe von 25 Prozent sollten wir daher vermeiden, sie ergibt überhaupt keinen Sinn. Rein wirtschaftlich rechnet sich dieses Vorgehen erst dann, wenn der persönliche Bedarf und damit auch das Gehalt so hoch angesetzt werden, dass darauf ein noch höherer Steuersatz fällig wird. Gewinne gezielt später auszuschütten, kann sich insofern auszahlen, wenn sich durch die zeitliche Verschiebung ein Zins- und Zinseszinseffekt der stehen gelassenen Gewinne erzielen lässt und wenn sich mit Hilfe einer späteren Versteuerung Vorteile ergeben können.

Der Vollständigkeit halber soll an dieser Stelle noch eine Ausnahme Erwähnung finden: Eine Ausschüttung lässt sich auch dann beschließen, wenn noch überhaupt kein Gewinn entstanden ist. Diese Möglichkeit steht dann offen, wenn zweifellos feststeht, dass Gewinne anfallen werden. In diesem Fall kann eine sogenannte Vorabausschüttung vorgenommen werden. Doch Vorsicht! Treten die Prognosen nicht ein und der Gewinn bleibt aus, wertet das Finanzamt die getätigte Vorausschüttung als verdeckte Gewinnausschüttung und obwohl kein Gewinn vorhanden ist muss die Firma einen fiktiven Gewinn versteuern.

Gewerbesteuer gestalten

Im Rahmen des Kapitels über die Verwendung des Gewinns haben wir schon erläutert, dass bei der GmbH sowohl Körperschafts- als auch Gewerbesteuer anfallen. Zudem haben wir kurz erwähnt, dass sich bei der

Gewerbesteuer ein Freibetrag von 24.500 Euro im Jahr geltend machen lässt. Der Erfahrung nach schütteln selbst viele altgediente Unternehmer ungläubig den Kopf hierüber, denn eine GmbH verfügt nicht über einen solchen Freibetrag und zahlt bereits ab dem ersten Euro Gewerbesteuer. Allerdings setzt meine Strategie darauf, immer das beste System für unsere Zwecke zu nutzen. Im Fall der Gewerbesteuer heißt das: Eine Personengesellschaft zahlt keine Gewerbesteuer, wir müssen dieses Prinzip also auch für die GmbH nutzbar machen. Wie wäre es also, Personen in unsere GmbH-Konstruktion zu integrieren? Das funktioniert, indem sich eine Person als stiller Teilhaber an der GmbH beteiligt. Das muss keine große Beteiligung sein. Nehmen wir beispielsweise eine Beteiligung von 1.000 Euro. Der stille Teilhaber soll dafür ein Prozent vom Gewinn erhalten. Zur Regelung dieser Teilhabe genügt ein privatschriftlicher Vertrag – der Gang zum Notar ist nicht nötig – und der Teilhaber erhält dann im Gegenzug zu seiner Ein-Prozent-Beteiligung jedes Jahr ein Prozent des Gewinns.

„Ein stiller Teilhaber sorgt für den Gewerbesteuerfreibetrag."

Mit Hilfe dieser Konstruktion verfügt unsere Firma über einen sogenannten atypisch stillen Gesellschafter. Dieser Teilhaber ist also nicht nur an den Gewinnen und Verlusten beteiligt, sondern auch an den stillen Reserven. Im Hinblick auf die Gewerbesteuer zählen die GmbH sowie der stille Gesellschafter als Personengesellschaft und kommen damit in den Genuss des Freibetrags von 24.500 Euro pro Jahr. Davon abgesehen zählt die GmbH weiterhin als Körperschaft und zahlt demnach die bekannten 15 Prozent Körperschaftsteuer.

Doch wer soll stiller Gesellschafter werden? Der GmbH-Geschäftsführer selbst kann diese Rolle nicht übernehmen und auch kein Auftraggeber der Firma. Denn jede Zahlung, die der stille Gesellschafter von der GmbH erhält, zählt mit zum Gewinn der Gesellschaft und würde zu den sonstigen Zahlungen der GmbH addiert. Als stiller Teilhaber kommen deshalb nur Menschen in Frage, die sonst kein Geld von der GmbH erhalten. Ideal sind Menschen, die keine oder nur geringe Einkommensteuer bezahlen, zum Beispiel Kinder oder Eltern in Rente. Der Gewinnanteil muss zum persönlichen Einkommensteuersatz versteuert werden. Die Person darf also nichts mit der Firma zu tun haben.

Noch ein Wort zur Beteiligung an den Verlusten: Kein stiller Gesellschafter muss über seine anfängliche Beteiligung hinaus Geld nachschießen. Macht also die GmbH beispielsweise einen Verlust von 50.000 Euro, entfallen auf den stillen Teilhaber rein rechnerisch 500 Euro. Er muss dieses Geld nicht bezahlen, sondern es mit dem nächsten Gewinnanteil buchhalterisch verrechnen. Erzielt die Firma im Jahr darauf also 20.000 Euro Gewinn, werden die anteiligen 200 Euro mit den bestehenden 500 Euro Verlust verrechnet. Er bekommt dann also kein Geld, sondern muss erst sein Konto ausgleichen.

Wie wir schon erfahren haben, differiert die Gewerbesteuer je nach Ort, an dem sie erhoben wird. Städte und Gemeinden können mit Hilfe des sogenannten Hebesatzes selbst festlegen, wie hoch die Gewerbesteuer in ihrem Gebiet sein soll. Der Hebesatz beträgt mindestens 200 (Prozent) und liegt in Großstädten meist höher als im Umland. München etwa berechnet einen Hebesatz von 490, im Umland beträgt er zwischen 240 und 360. Zum Vergleich: In Hamburg beträgt der Hebesatz 470, in Köln 475, in Berlin 410 oder in Wolfsburg 360.

Betrachten wir zur Verdeutlichung wieder unseren Freund Albert. Inzwischen macht seine GmbH ansehnliche 44.500 Euro Gewinn im Jahr. Alberts Gewerbesteuerbetrag errechnet sich, indem vom Gewinn seiner GmbH (in Bezug auf die Gewerbesteuer heißt der Gewinn Gewerbeertrag) der Freibetrag von 24.500 Euro abgezogen wird. Der Restbetrag (20.000 Euro) wird mit der sogenannten Steuermesszahl von 3,5 Prozent (diese Zahl gilt bundeseinheitlich) multipliziert. Ergebnis ist der Messbetrag, in Peters Fall also 700 Euro. Da

Alberts GmbH in München sitzt, gilt der Hebesatz von 490. Die Gewerbesteuer berechnet sich also 700 Euro x 490 Prozent und beträgt damit 3.430 Euro, das entspricht einem Satz von 17,15 Prozent. Säße Alberts Firma in Berlin, ergäbe 700 Euro x 410 Prozent nur 2.870 Euro oder 14,35 Prozent. Im besten Fall, also in Gemeinden mit dem niedrigsten Hebesatz von 200, würden sogar nur 1.400 Euro anfallen, der Gewerbesteuersatz liegt dort bei unschlagbaren 7,0 Prozent. Zusammen mit der Körperschaftsteuer und dem Solidaritätszuschlag kommen wir im Idealfall also auf eine Belastung von unter 23 Prozent (selbst bei sehr hohen Gewinnen) und zahlen damit die Hälfte des Steuersatzes, den wir als Arbeitnehmer bezahlen würden.

Gut an diesem System ist, dass der Unternehmer selbst entscheiden kann, in welcher Gemeinde er sich niederlässt. Schlecht daran ist, dass sich die Betriebsstätte tatsächlich an diesem Ort befinden muss. Der Fiskus akzeptiert es nicht, die Firma an einem Ort mit niedrigem Hebesatz zu gründen, aber weiterhin in der (teuren) Stadt zu arbeiten. Für die Berechnung der Gewerbesteuer zählt immer der Ort, an dem die Firma ihre Tätigkeit entfaltet. Die Gewerbesteuer soll von der Systematik her derjenigen Gemeinde zugutekommen, die von dem Gewerbebetrieb belastet wird. Viele Firmen entfalten ihre Tätigkeit an vielen Orten. Dann gilt eine komplizierte Regel: Der Gewinn wird zwischen den einzelnen Orten aufgeteilt. Der Aufteilungsschlüssel richtet sich nach der Lohn- und Gehaltssumme der jeweiligen Standorte. Und hier bietet sich durchaus Spielraum. So ergeben sich oftmals Unterschiede, wenn die (hoch bezahlte) Geschäftsführung an einem Ort mit niedrigem Hebesatz sitzt. Allerdings muss die Geschäftsleitung an diesem Ort dann auch tatsächlich tätig sein. Allein den Firmensitz auf dem Papier zu verlagern, reicht also nicht. Wo die Tätigkeit stattfindet, ist die Gewerbesteuer zu entrichten.

„Wo die Tätigkeit stattfindet,
ist die Gewerbesteuer zu entrichten."

Dort findet dann auch der meiste Kontakt mit dem örtlichen Finanzamt statt. Aus meiner Erfahrung heraus hat es sich als sinnvoll erwiesen, über die Jahre hinweg eine möglichst gute Beziehung mit dem zuständigen Finanzamt aufzubauen. Die Beamten der Finanzverwaltung sollen die steuerliche Praxis unserer GmbH ohne Bauchschmerzen absegnen können. Und das ist auch problemlos möglich, denn die hier vorgestellte Strategie verschleiert nichts vor dem Fiskus und sie baut auch nicht auf halblegalen Tricks auf. Jeder einzelne Punkt ist gesetzlich gedeckt und in diversen Prüfungen bestätigt.

Spielen mit der Umsatzsteuer

Bislang haben wir nur die sogenannten Ertragsteuern betrachtet, also Einkommens-, Lohn-, Körperschafts- und Gewerbesteuer. Ein steuerlich optimal gestaltetes Unternehmen hängt jedoch genauso vom Umgang mit der Umsatzsteuer ab. Auch hier bieten sich entgegen der landläufigen Vorstellung vielfältige Gestaltungsmöglichkeiten. Grundsätzlich ist die Umsatzsteuer als Verbrauchsteuer zu werten, bei fast allen Käufen oder Verkäufen fällt sie an. Dabei gelten drei verschiedene Sätze. In der Regel beträgt die Umsatzsteuer in Deutschland 19 Prozent, bei manchen Leistungen, wie etwa Lebensmitteln, liegt sie bei nur 7 Prozent. Zudem befreit der Fiskus einige Güter komplett von dieser Steuer. So etwa Briefmarken, aber auch ärztliche Leistungen. In einigen Fällen herrscht sogar Wahlrecht, jeder Verkäufer kann in diesen Fällen frei entscheiden, ob er die Umsatzsteuer berechnet oder nicht. Ein Beispiel dafür sind Immobilienverkäufe, hier sind beide Optionen vom Steuerrecht gedeckt. Ebenso gilt das Wahlrecht bei Vermietungen gewerblicher Objekte. Völlig von der Umsatzsteuer befreien lassen können sich Unternehmen, wenn ihr Umsatz weniger als 17.500 Euro pro Jahr beträgt. Meine Strategie beruht immer auf dem Prinzip der Eigenverantwortlichkeit. Deshalb sollten Unternehmer auch in punkto Umsatzsteuer darauf achten, die Steuern optimal zu steuern. Schauen wir uns zur Verdeutlichung wieder ein Beispiel an, diesmal das Friseurgeschäft von Irene.

FALLBEISPIEL 5: FRED

Irene macht einen guten Job und kommt deshalb auf einen Jahresumsatz von 70.000 Euro. Kann Sie Ihr Geschäft von der Umsatzsteuer befreien lassen? Nein, selbstverständlich nicht. Doch wie in der Branche üblich, schneidet sie Damen, Herren und Kindern die Haare. Wie wäre es also, Irene trennt diese Geschäfte in einen Damen-, einen Herren- und einen Kinderfriseur?

DAMENFRISEUR	**HERRENFRISEUR**	**KINDERFRISEUR**
Umsatz **43.000 €** mit USt.	Umsatz **15.000 €** umsatzsteuerbefreit	Umsatz **12.000 €** umsatzsteuerbefreit

Dabei spielt es rechtlich keine Rolle, welche Unternehmensform Irene für die drei Unternehmen wählt. Erforderlich ist lediglich eine saubere Trennung in drei Steuersubjekte. So organisiert Irene den Damenfriseur beispielsweise als GmbH, den Herrenfriseur als Einzelunternehmen und den Kinderfriseur zusammen mit einem Mitarbeiter als GbR, in der sie 90 Prozent der Anteile hält. Die Rechtsform ist ausschließlich aus steuerlicher Sicht relevant und muss deshalb im Einzelfall genau durchgerechnet werden. In Irenes Fall erfordert ihre männliche und kindliche Kundschaft deutlich weniger Wareneinsatz als die Damen. Zum Glück ist der Umsatz an Pflegemitteln bei den Damen sehr viel höher, denn all diesen Aufwand kann sie inklusive Umsatzsteuer von den 43.000 Euro Umsatz absetzen. Zudem beschäftigt sie im Damenfriseur ggf. auch noch einen Mitarbeiter. Trotz des hohen

Umsatzes ihres Damenfriseurs fällt dessen Gewinn aufgrund der zahlreichen Ausgaben eher klein aus. Der große Vorteil von Irenes Konstruktion: Gäbe es die Trennung nicht, müsste Sie sowohl von den Umsätzen des Herren- als auch von denen des Kinderfriseurs jeweils Umsatzsteuer abführen. Da aber im Endkundengeschäft grundsätzlich Bruttopreise gelten, wandern diese 19 Prozent nun in ihre eigene Tasche. Denn Irene wird nicht einfach die Preise um 19 Prozent senken, nur weil sie die Rechtsform geändert hat. Im B2B-Geschäft dagegen ergibt eine solche Aufspaltung in der Regel wenig Sinn, schließlich verbuchen auch die Kunden die Umsatzsteuer als durchlaufenden Posten.

„Die Umsatzsteuerbefreiung lohnt sich nur beim Endkundengeschäft."

Der Gewinn eines Unternehmens lässt sich also in vielerlei Weise beeinflussen und die Höhe der Einnahmen sagt zunächst sehr wenig aus. Wir haben auch gelernt, dass die unterschiedlichsten Einnahmen zu Gewinn werden können. Zu diesen gewinnrelevanten Einkünften gehören auch Verkäufe von Eigentum der GmbH.

Verkäufe von GmbH-Eigentum

Dieses Kapitel lässt sich sehr schnell abhandeln, denn Verkäufe von GmbH-Eigentum sind grundsätzlich nicht steuerbefreit. Wer also Werte wie eine Immobilie oder eine Maschine verkauft, muss auf den Gewinn dieses Verkaufs – egal wie lange sie sich im Eigentum der Firma befunden hat – die üblichen jeweils 15 Prozent Körperschafts- und Gewerbesteuer entrichten. Steuerlich deutlich günstiger lassen sich bestimmte Werte im Privatbesitz weiterverkaufen. Dies sehen wir am Beispiel einer Immobilie in den nächsten Kapiteln. Allerdings muss auch die GmbH natürlich nur dann Steuern bezahlen, wenn tatsächlich ein Gewinn entstanden ist. Wie sich die Wertentwicklung von Betriebsvermögen berechnen lässt und wie sich diese steuerlich auf den Gewinn auswirkt, sehen wir im folgenden Kapitel über Abschreibungen.

Gewinn entsteht, wenn die Betriebsausgaben von den Betriebseinnahmen abgezogen werden. Deshalb ist es sinnvoll, so viele Ausgaben wie möglich geltend zu machen und Belege sorgfältig aufzubewahren. Zudem lässt sich die Gewerbesteuerlast senken, indem Firmen ihre Struktur so gestalten, dass sie einen Freibetrag von 24.500 Euro nutzen können.

Abschreibungen verstehen

Eines der Wunder des Steuersparens liegt im Bereich der Abschreibungen. Güter abzuschreiben ermöglicht es uns, einen Betrag von unserem Einkommen abziehen zu können, ohne diesen Abschreibungsbetrag tatsächlich bezahlen zu müssen. Hinter diesem Prinzip steht der Gedanke, dass sich Wirtschaftsgüter mit der Zeit abnutzen und deshalb an Wert verlieren. Aus diesem Grund heißt der exakte Steuer-Jargon auch AfA, also Abschreibung für Abnutzung. Diese Abnutzung des Wirtschaftsgutes stellt eine durch die Erzielung von Einkünften veranlasste Vermögensminderung dar und der Abnutzung tritt im Vermögen des Steuerpflichtigen kein gleichwertiges Äquivalent entgegen. Deshalb gelten derartige Abnutzungen als Betriebsausgaben oder Werbungskosten und es kann jedes Jahr derjenige Teil der Kosten „abgesetzt" werden, der sich bei einer Betrachtung der voraussichtlichen Nutzungsdauer als Jahresbetrag ergibt. Beispiel: Bei Computern gelten AfA-Sätze von 33 Prozent. Der Staat geht also davon aus, dass unser Rechner nach drei Jahren unbrauchbar ist. Die AfA richtet sich nach der Höhe der Anschaffungs- oder Herstellungskosten und der angenommenen Nutzungsdauer. Auch ändern sich die AfA-Sätze öfter, weil die Politik ihre Schwerpunkte verändert.

„Abschreibungen gelten als Betriebsausgaben."

Die Abschreibung erfolgt in konstant hohen Jahresbeträgen, man nennt sie daher lineare Abschreibung. Dabei werden die Anschaffungskosten des abzuschreibenden Wirtschaftsgutes gleichmäßig auf die Jahre der Nutzungsdauer aufgeteilt. Bis vor wenigen Jahren war eine AfA auch noch in fallenden Jahresbeträgen möglich (degressive Abschreibung). Das Einkommensteuergesetz schreibt vor, das jeweilige Wirtschaftsgut ab dem Kalendermonat der Anschaffung oder Herstellung abzuschreiben und für jeden angefangenen Monat ist 1/12 der Jahres-AfA anzusetzen. Die Länge des jeweils geltenden Abschreibungszeitraums ergibt sich aus den AfA-Tabellen der Finanzverwaltung. Diese geben detailliert und branchenspezifisch vor, welche AfA-Dauer und Höhe jeweils gilt. Eine Kostprobe: In der Tabelle für die Bimsbaustoffindustrie (was auch immer das sein mag) ist geregelt, dass Schürfkübelbagger mit einem Satz von 17 Prozent über 6 Jahre abzuschreiben sind. Offensichtlich geht der Fiskus davon aus, dass der Bagger extremen Belastungen ausgesetzt ist und nicht lange hält. Derartige Abschreibungen lassen sich nicht nur im Fall neuer Bagger ausnutzen. Bei gebrauchten Gütern ist die sogenannte Restnutzungsdauer abzuschreiben, auch hier gelten die genannten AfA-Regeln. Einen Sonderfall stellen gebrauchte Kraftfahrzeuge dar. Bei diesen müssen die Eigentümer die Restnutzdauer jeweils unter Berücksichtigung von Alter, Zustand und Art der voraussichtlichen Nutzung des Fahrzeugs schätzen. Streit mit der Finanzverwaltung ist hier vielfach vorprogrammiert und so existiert diesbezüglich eine umfangreiche Rechtsprechung.

„Die tatsächliche Abnutzung stimmt nicht mit der AfA überein."

Wie wir gelernt haben, regelt das Steuergesetz die AfA. Von großer Bedeutung dabei ist es, dass die festgesetzten Zeiträume und Prozentsätze nicht einer tatsächlichen Abnutzung entsprechen. Wir wissen also nicht, ob der Schürfkübelbagger tatsächlich eine Abnutzung von 17 Prozent pro Jahr aufweist. Die AfA-Sätze werden mehr oder weniger willkürlich vom Gesetzgeber festgelegt. So ändern sich die Steuerregeln für Abschreibungen häufig, um politische Ziele zu fördern. Zum Beispiel war es lange Zeit möglich, bei Wohnungsneubauten 5 Prozent der Baukosten pro Jahr abzuschreiben, um den Wohnungsbau zu fördern. Heute sind es in der Regel nur noch 2 Prozent.

Steuerliche Rechnung vs. Geldrechnung

In punkto Vermögensaufbau können Abschreibungen Wunder wirken, weil das Finanzamt anders rechnet als die Bank oder eine Person. So zählt einerseits nicht jede Zahlung, die vom Bankkonto abgeht als Ausgabe und mindert die Steuerbelastung. Andererseits sind Abschreibungen ein gutes Beispiel dafür, dass nicht jeder steuerlich absetzbare Betrag tatsächlich vom Bankkonto abgehen muss. Beim Kauf eines Wertgegenstandes ist es deshalb erforderlich, zwei Rechnungen durchzuführen. Das sind einmal die steuerliche Rechnung und zum anderen die Geldrechnung. Auf beiden Seiten entstehen Kosten und Einnahmen. Die Ertragsrechnung eines Wertgegenstandes lässt sich verdeutlichen, indem man diese Kosten und Einnahmen einander gegenüberstellt. Betrachten wir die beiden Rechenarten am Beispiel einer Immobilie einmal genauer und nehmen an, das Objekt kostet eine Million Euro:

	STEUERLICHE RECHNUNG	GELDRECHNUNG
MIETE	**+ 40.000 €**	**+ 40.000 €**
KOSTEN (Verwaltung, Grundsteuer u.a.)	**- 5.000 €**	**- 5.000 €**
ABSCHREIBUNG (nur auf den Gebäudeanteil, nicht auf Grund und Boden / 2 % oder 9 %)	**- 16.000 €**	**--**
ZINSEN	**- 20.000 €**	**- 20.000 €**
TILGUNG	**--**	**- 5.000 €**
ERGEBNIS	**- 1.000 €**	**+ 10.000 €**

Das ist ein sehr vorteilhaftes Ergebnis: Steuerlich gesehen sorgt der Immobilienkauf also für einen jährlichen Verlust von 1.000 Euro und in der Geldrechnung steht ein Plus von 10.000 Euro. Das Haus erzielt also einen jährlichen Cash Flow und der Staat bezahlt sogar noch dafür, indem er 1.000 Euro vom zu versteuernden Einkommen des Besitzers abzieht. Diese Rechnung verdeutlicht zudem, dass sich eine Tilgung nur auf die Geldrechnung auswirkt. Steuerlich gesehen bringt es keinerlei Vorteile, einen Kredit zu tilgen. Weil die Tilgung nur Kosten produziert, lohnt der Gedanke, die Raten an das Ende der Laufzeit zu verlagern. Doch dazu später noch mehr.

„Das Wunder der Abschreibung."

Das Geheimnis bei vielen Investitionen liegt deshalb darin, Möglichkeiten zu finden, die ein steuerliches Minus ergeben und trotzdem einen positiven Cash Flow erzeugen. Mit diesem Wissen im Hinterkopf könnte dieses Kapitel auch „Das Wunder der Abschreibung" heißen. Zudem lässt sich dieser Immobilienkauf noch weiter denken. Nehmen wir an, wir haben das Haus privat oder in Form einer KG (darauf kommen wir noch) gekauft und wollen es nach 10 Jahren wieder verkaufen. Gehen wir zudem davon aus, wir erzielen einen Preis von 1.200.000 Euro. Dann haben wir nicht nur von der AfA profitiert und jährliche Erträge generiert, sondern können sogar noch die entstandenen 20 Prozent Gewinn steuerfrei einstecken, wie wir im Kapitel „Steuerfreie Verkäufe" sehen werden. Das gilt allerdings nicht für Kapitalgesellschaften, bei diesen sind Verkäufe nicht steuerfrei.

Abschreibungen bei Immobilien

Doch wie sehen die konkreten Zahlen aus, die aus den Abschreibungsrechnungen resultieren? Schauen wir uns hierzu wieder einen unserer Freunde an. Peter kauft sich eine Eigentumswohnung für 120.000 Euro und vermietet sie für 500 Euro im Monat. Da Peter kein Geld übrig hat und die Zinsen mit 3 Prozent unschlagbar niedrig liegen, finanziert er die Wohnung zu 100 Prozent. Peter setzt also kein eigenes Geld ein. Mit der Bank ist zudem vereinbart, dass der Kredit 10 Jahre zum Festzins läuft und dann in einem Rutsch zurückbezahlt wird. Die Banker nennen das ein endfälliges Darlehen. Peters Rechnung sieht nun so aus:

EINNAHMEN	Monatliche Miete	**500 €**
AUSGABEN		
Nebenkosten, die nicht auf den Mieter umgelegt werden		**- 100 €**
ZINSEN	3 % von 120.000 /12 =	**- 300 €**
SALDO	**ÜBERSCHUSS MONATLICH**	**100 €**

Peter bleiben also pro Monat 100 Euro Überschuss. Wenn in den nächsten Jahren die Mieten weiter steigen (was bei Wohnungen in guten Lagen wahrscheinlich ist), dann steigt der Überschussbetrag sogar noch an. Jede Mieterhöhung geht also direkt in Peters Portemonnaie.

Für das Finanzamt sieht die Rechnung jedoch ganz anders aus. Der Fiskus rechnet:

EINNAHMEN	Monatliche Miete	**500 €**
AUSGABEN	Abschreibung (100.000 x 2 % / 12 =)	**- 167 €**
NEBENKOSTEN	die nicht auf den Mieter umgelegt werden	**- 100 €**
ZINSEN		**- 300 €**
SALDO	**VERLUST MONATLICH**	**- 67 €**

Das bedeutet also, Peter macht ein monatliches Plus auf seinem Konto von 100 Euro, in der Steuererklärung kann er jedoch einen Verlust von 66,67 Euro angeben. Ganz wichtig: Der Abschreibungsbetrag ist nicht real zu bezahlen. Peter darf die 166,67 Euro im Monat dennoch als (fiktive) Ausgaben in seiner Steuererklärung ansetzen. Das ist das Wunder der Abschreibung! Aber wie geht es nun weiter mit Peter? Nehmen wir an, nach 5 Jahren erhöht sich die Miete um 10 Prozent, von 500 Euro auf 550 Euro. Hier die Geldrechnung:

EINNAHMEN	Monatliche Miete	**550 €**
AUSGABEN	Nebenkosten	**- 100 €**
ZINSEN		**- 300 €**
SALDO	**ÜBERSCHUSS MONATLICH**	**150 €**

Ganz anders sieht wieder die Rechnung des Finanzamts aus:

EINNAHMEN	Monatliche Miete	**550 €**
AUSGABEN	Abschreibung	**- 167 €**
NEBENKOSTEN		**- 100 €**
ZINSEN		**- 300 €**
SALDO	**VERLUST MONATLICH**	**- 17 €**

Nach der Mieterhöhung bleibt also ein Plus von 150 Euro auf dem Konto und ein Verlust von 16,67 Euro in der Steuererklärung. Wieder erscheint das Wunder der Abschreibung! Peter erhält nun monatlich 150 Euro steuerfreies Geld. Die 17 Euro lassen sich mit sonstigen Einnahmen verrechnen und senken damit die Steuerlast. Doch geht das Spiel noch weiter. Nach weiteren vier Jahren erhöht Peter die Miete nochmals um 10 Prozent auf nun 605 Euro. Die Rechnung sieht nun so aus:

EINNAHMEN	Monatliche Miete	**605 €**
AUSGABEN	Nebenkosten	**- 100 €**
ZINSEN		**- 300 €**
SALDO	**ÜBERSCHUSS MONATLICH**	**205 €**

Auch hier wollen wir die Rechnung für das Finanzamt nicht vergessen:

EINNAHMEN	Monatliche Miete	**605 €**
AUSGABEN	Abschreibung	**- 167 €**
NEBENKOSTEN		**- 100 €**
ZINSEN		**- 300 €**
SALDO	**GEWINN MONATLICH**	**38 €**

Nach der zweiten Mieterhöhung beträgt das monatliche Plus auf Peters Konto also 205 Euro, in der Steuererklärung erscheinen indes nur Einnahmen in Höhe von 38 Euro. Vom Überschuss auf dem Bankkonto in Höhe von 205 Euro bleiben 167 Euro steuerfrei. Nur 38 Euro sind steuerpflichtig und das Finanzamt berechnet dafür den persönlichen Steuersatz. Dieser liegt je nach Einkommenshöhe zwischen 0 und 45 Prozent.

Blicken wir jedoch noch ein Stück in die Zukunft. Nachdem Peter die Vorteile der AfA zehn Jahre lang ausgenutzt hat, muss er nun den Kredit zurückzahlen und überlegt, die Wohnung zu verkaufen. Wie viel wird sie nun wert sein? Genau lässt sich das natürlich nicht voraussagen, aber Mietwohnungen werden meist nach der erzielbaren Miete bewertet. Und diese Miete ist in unserem Beispiel in den 10 Jahren um 21 Prozent gestiegen (von 500 Euro auf 605 Euro). Es ist also anzunehmen, dass auch der Preis für die Wohnung um 21 Prozent gestiegen ist und statt 120.000 Euro nun 145.200 Euro beträgt. Peter verkauft die Wohnung daher für 145.200 Euro. Davon bezahlt er den Kredit bei der Bank (120.000 Euro) und kann nun 25.200 Euro Gewinn auf seinem Konto verbuchen – steuerfrei, weil er als Privatperson gekauft hat und die Wohnung mindestens 10 Jahre gehalten hat.

Damit ist jedoch noch längst nicht der Gesamtgewinn ausgerechnet, den Peter verbuchen kann. Die komplette Rechnung sieht so aus:

JAHR	CASH FLOW PRO MONAT	CASH FLOW GESAMTJAHR	SUMME
1 bis 5	100 €	1.200 €	**6.000 €**
6 bis 9	150 €	1.800 €	**7.200 €**
Jahr 10	188 €	2.253 €	**2.253 €**
Cash Flow Gesamt			**15.453 €**
Gewinn Verkauf			**25.200 €**
Gesamtgewinn			**40.653 €**

Dieser Verdienst ist ohne Berücksichtigung der Steuererstattungen gerechnet. Ansonsten wäre das Ergebnis noch besser.

Weniger berauschend fällt die Rechnung für den Fiskus aus, da das Finanzamt von den geflossenen Geldern maximal 12 x 17,25 Euro gesehen hat, also 207 Euro. Dies ist viel weniger, als Peter in den ersten Jahren durch die steuerlichen Verluste profitiert hat. Nicht ausgewiesen sind die Kosten für Notar, Grundschuld, Grundbuch. Was ich an diesem Beispiel zeigen möchte, ist das Wunder der Abschreibung. Aus einem positiven Cash Flow wird ein steuerlicher Verlust. Das geht nur durch Abschreibung.

„Trotz steuerlichem Verlust kann ein positiver Cash Flow entstehen.“

Je nach Immobilie lassen sich jedoch noch deutlich vorteilhaftere Abschreibungskonditionen ausnutzen. Denn anstatt der üblichen 2 Prozent gelten für Denkmäler und Immobilien in Sanierungsgebieten 9 Prozent AfA in den ersten 8 Jahren, danach 7 Prozent[11]. In 12 Jahren ist die Investition in die Immobilie also komplett abgeschrieben! Und der Fiskus ist dann noch immer freundlich zu uns, wenn wir den Kauf privat vorgenommen haben. Warum? Nehmen wir an, wir finanzieren ein vermietetes Denkmalobjekt zu 100 Prozent und die Mieteinnahmen übersteigen die Kaufpreisraten. Wie wir im Kapitel „Steuerliche Rechnung vs. Geldrechnung“ gesehen haben, können wir damit einen steuerlichen Verlust geltend machen, verdienen aber trotzdem an diesem Haus. Sie denken, besser geht es nicht? Falsch, die Möglichkeiten gehen noch weiter. Kaufen wir zum Beispiel ein renovierungsbedürftiges Denkmal, das wir billig bekommen. Die Kosten für die Instandsetzung über insgesamt eine Million Euro schreiben wir über 12 Jahre hinweg ab. Sind diese 12 Jahre vorüber und damit auch die steuerlichen Vorteile, lässt sich das Objekt in eine gemeinnützige Stiftung einbringen, deren Verwaltung beispielsweise ein Familienmitglied übernehmen kann. Warum eine Stiftung? Alles, was in eine gemeinnützige Stiftung eingebracht wird (bis zu einem Wert von einer Million oder zwei Millionen bei Verheirateten), darf über 10 Jahre hinweg beliebig verteilt vollständig abgeschrieben werden. Die beliebige Verteilung lässt sich sehr vorteilhaft nutzen, weil der Besitzer jedes Jahr neu entscheiden kann, welcher Anteil des Abschreibungsbetrags in Anspruch genommen werden sollen. So lässt sich die Abschreibung beispielsweise nutzen, um der Reichensteuer zu entkommen (ab 250.000 zu versteuerndes Einkommen) oder um den Spitzensteuersatz unter 42 Prozent zu senken. Insgesamt haben wir das Gebäude einmal bezahlt, aber zweimal steuerlich abgeschrieben.

Dieselben Abschreibungsmöglichkeiten gelten für Immobilien im Betriebsvermögen, sprich für solche, die der GmbH gehören. Allerdings muss der Besitzer hier einen entscheidenden Nachteil in Kauf nehmen: Der Verkauf der Immobilie verschafft der Firma Betriebseinnahmen und dabei ist die Differenz zwischen Verkaufspreis und Buchwert zu versteuern. Im Grunde macht diese Regelung die Abschreibung des Gebäudes in den Jahren der Nutzung beim Verkauf wieder steuerlich rückgängig. Und sogar die Wertsteigerung des Gebäudes muss versteuert werden, auch wenn diese vielleicht nur auf der Inflation beruht. Deshalb gilt die Regel, dass Immobilien, die langfristig genutzt werden sollen (etwa durch Vermietung), möglichst ins Privatvermögen gehören. Dann bleibt der Verkauf nach mindestens 10 Jahren steuerfrei und auch die Abschreibungen sind endgültig. Eigentümer sollten zudem beachten, dass das steuerliche Minus (durch die Abschreibung) sich in der Einkommensteuer stärker auswirken kann, weil hier höhere Steuersätze gelten.

Abschreibungen lassen sich für den fiktiven Wertverlust vornehmen. Dabei kommt es darauf an, zwischen steuerlicher und Geldrechnung zu unterscheiden und für das Finanzamt ein Minus sowie für sich selbst ein Plus zu erzielen. Trotz Gewinn lassen sich damit Verluste geltend machen. Das Wunder der Abschreibung.

Die Firma kann viel für Sie tun

In den letzten Kapiteln habe ich gezeigt, wie sich die Steuer- und Abgabenlast nachhaltig verringern lässt. Ganz am Rande kam dabei bereits zur Sprache, dass wir die Absicherung unserer Lebensrisiken bei meiner Strategie keineswegs unter den Tisch fallen lassen. Denn wenig Steuern zu zahlen macht zwar Spaß, vor Altersarmut oder ähnlichem schützt dieses Vorgehen natürlich nicht. Jeder Arbeitnehmer und auch viele Selbständige setzen daher auf Lebensversicherungen oder private Zusatzrentenverträge. Doch lassen Sie es mich ganz deutlich sagen: Bei einer Kapitalgesellschaft ergibt ein solches Vorgehen keinen Sinn. Warum soll ich mein Einkommen erst versteuern und den verbleibenden Rest dann anlegen? Deutlich günstiger ist es, Geld zu verdienen, in der Firma nicht oder nur sehr niedrig zu versteuern und dann anzulegen. Auf diese Weise lässt sich ein Vermögen erwirtschaften. Außerdem steht in der Kapitalgesellschaft mehr Geld dafür zur Verfügung, wie wir gesehen haben. Erinnern wir uns: Ein Arbeitnehmer, der 100 Euro für eine private Altersvorsorge zurücklegt, benötigt dafür ein Einkommen von 250 Euro. Dank anderer Rahmenbedingungen kann die Kapitalgesellschaft einen Teil ihres Einkommens fast vollständig anlegen – also etwa die erwähnten 250 Euro – weil sie deutlich weniger Abzüge verkraften muss. Lebensversicherungen und Sparpläne zum Beispiel lassen sich deshalb problemlos kündigen oder ruhend stellen und das freiwerdende Geld in die GmbH verlagern, zumal die Renditen vieler Anbieter derzeit ohnehin sehr gering ausfallen. Auch steuerlich gesehen sorgen die bestehenden Versicherungen kaum für positive Effekte. Die eindrucksvollen Berechnungen der Anbieter, wonach die Versicherung ABC die persönlichen Steuern mindern würde, erweisen sich bei näherem Hinschauen oft als problematisch. Zudem erfordern die nötigen Nachweise für das Finanzamt einen Riesenaufwand, der in keinem Verhältnis zum Ertrag steht.

Versichern in der GmbH

So bieten Geldbeträge, die üblicherweise in die Abgaben fließen, erhebliche Potenziale zur steuerlichen Optimierung und damit zum leichteren Aufbau eines Vermögens. Übrigens genau aus diesem Grund habe ich die Abgaben – auch die von Arbeitgeberseite – in meine Berechnung der wahren Höhe von Steuern und Abgaben im ersten Abschnitt mit einbezogen. Wie wir dabei gesehen haben, macht der Bereich Versicherungen einen großen Teil der Ausgaben aus, die unser Einkommen dezimieren. Die meist imposante Summe umfasst beispielsweise Arbeitslosenversicherung, Krankenversicherung, Lebensversicherung, Haftpflichtversicherung und dazu noch weitere Absicherungen wie private Vorsorgeleistungen oder Riester-Verträge.

„Versicherungen machen einen Großteil unserer Abgaben aus."

Ganz wichtig in der (neuen) Rolle als GmbH-Eigner und Geschäftsführer ist es, die nötigen und sinnvollen Versicherungen für sich abzuschließen und dies auch nicht auf die lange Bank zu schieben. Der frischgebackene Selbständige sollte sich also unverzüglich beispielsweise eine Krankenversicherung suchen. Doch welche Versicherungen ergeben Sinn? Meine persönliche Einschätzung dieser Frage ist ganz einfach: Ich versichere mich nur gegen Fälle, die mir das Genick kosten würden – physisch oder finanziell. Dazu gehören eine Haftpflichtversicherung und vor allem bei jungen Menschen eine Berufsunfähigkeitsversicherung (BU). Als selbstverständlich werte ich zudem eine Krankenversicherung.

Wieso gerade diese Versicherungen? Die Haftpflichtversicherung halte ich für eine der wichtigsten Versicherungen überhaupt. Was bei jedem Autofahrer gesetzlich vorgeschrieben ist, vernachlässigen vielen Menschen privat noch immer. Dabei können Haftpflichtansprüche in die Millionen gehen. Der entsprechende Versicherungsschutz (Privathaftpflicht) kostet dagegen nur zirka 100 Euro pro Jahr. Ein ganz wichtiger Teil der Haftpflichtversicherung stellt die Abwehr von unberechtigten Ansprüchen dar. Ein Laie kann meist gar nicht beurteilen, ob die Forderungen des Gegenübers berechtigt sind. Kann dieser aufgrund von gewährter Prozesskostenhilfe einen hohen Streitwert ansetzen, könnten sich alleine die Abwehrkosten auf fünf- oder sechsstellige Beträge addieren. Auch diese Kosten übernimmt die Haftpflichtversicherung.

Die Berufsunfähigkeitsversicherung ist erforderlich, solange das Berufseinkommen die einzige oder die überwiegende Einnahmequelle darstellt. Wer finanziell unabhängig ist, kann sich dieses Geld sparen. Am Anfang aber bildet die eigene Arbeitskraft den wichtigsten oder sogar einzigen Vermögenswert. Und diesen gilt es gut abzusichern! Wer eine BU abschließt, sollte unbedingt darauf achten, dass die vorgesehenen Rentenleistungen nicht nur ein paar Jahre, sondern bis ins hohe Alter gezahlt werden. Eine Berufsunfähigkeitsversicherung über einen Zeitraum von zehn Jahren kann genügen, wenn bis dahin die finanzielle Unabhängigkeit sichergestellt ist. Doch Vorsicht! Tritt der Versicherungsfall vorher ein, bringt der Schutz wenig, wenn die Versicherung die Zahlungen nach zehn Jahren einstellt. In diesem Fall kommt es auf eine lebenslange Rentenzahlung an.

In Bezug auf die Krankenversicherung gestatten es die gesetzlichen Rahmenbedingungen, sich entweder privat zu versichern oder als freiwilliges Mitglied einer gesetzlichen Kasse beizutreten. Auch hier besteht also die

Entscheidungsfreiheit, allerdings auch die Verantwortung. Denn es kräht in der Regel kein Hahn danach, wenn sich ein Selbständiger nicht ordentlich versichert. Bei der privaten Versicherung kann jeder selbst entscheiden, welchen Versicherungsschutz er wünscht. Ein Selbstbehalt und mögliche Beitragserstattungen reduzieren besonders bei Gesunden die Kosten. Allerdings sollte mit ins Kalkül einfließen, dass die Beiträge mit der Zeit steigen. Und was in jungen (und gesunden) Jahren günstig erscheint, wird später oft sehr teuer.

Ein ganz anderes Thema stellen Kapitallebensversicherungen oder andere Vorsorgemaßnahmen dar. Es ergibt deutlich mehr Sinn, seine Anlagen selbst zu tätigen und damit Chancen und Risiken auch in Eigenregie zu steuern. Ein vernünftiges Mietshaus zum Beispiel kann kaum wertlos werden und auch viele Aktien bergen geringe Verlustrisiken. Der wirkungsvolle und steuerlich optimale Beitrag zur eigenen Absicherung bildet daher einen zentralen Aspekt unseres Vermögensaufbaus in der GmbH. Es klingt vermessen, bessere Renditen zu erzielen als die Profis von der Versicherung? Ganz und gar nicht, wenn wir die Details näher betrachten. Die Anbieter werben zwar häufig mit Renditen von 4 Prozent oder ähnlichem. Doch gelten diese Zahlen nur für das angelegte Vermögen. Außerdem will der Versicherer natürlich Geld verdienen und die Gebühren oder Aufschläge gehen von unserem Beitrag ab. Zum anderen muss er gesetzliche Vorgaben einhalten und darf unser Geld nur in ganz bestimmten Anlageformen parken. Dazu gehören beispielsweise Staatsanleihen mit Top-Rating. Ergebnis sind kümmerliche oder sogar negative Renditen.

„In der GmbH sind steuerfreie Absicherungen möglich."

Wer dagegen einen monatlichen Festbetrag in seiner GmbH anlegt, konstruiert damit seinen eigenen Sparplan. Er tut also genau das, was alle Banken und Versicherer als zusätzliche Alterssicherung empfehlen. Nur gibt er eben nicht die Kontrolle und das Geld an den Finanzdienstleister ab, er bestimmt selbst über die Anlagepolitik. Einige Details zum Thema haben wir bereits im Kapitel „Rückstellungen und Rücklagen" behandelt. Lassen Sie uns zur Verdeutlichung meiner Abneigung gegen die populären Absicherungsprodukte einen Anbieter und unsere GmbH konkret vergleichen. Dabei sind wir freundlich und wählen einen fiktiven Top-Anbieter, der tatsächlich 3 Prozent schafft. Dagegen rechnen wir eigene Anlagen. Vorab noch eine Bemerkung zur Rendite: Sie halten 15 Prozent für unrealistisch? Keineswegs, wenn das Geld wirklich arbeitet, wie es die kommenden Kapitel über Aktien und Immobilien schildern.

Exkurs 11: Versicherungen vs. eigene Anlagen

	Aufwand pro Monat	**Reale Einzahlung pro Monat**	**Rendite pro Jahr**	**ERGEBNIS nach 25 Jahren**
Versicherung bei Arbeitnehmer	**250 €**	**100 €** (das ist der verbleibende Nettobetrag)	3 %	**43.751 €**
Mittelmäßige Anlage in der GmbH	**250 €**	**175 €** (Anlagebetrag in der GmbH nach Körperschaftsteuer und Gewerbesteuer)	5 %	**100.226 €**
Gute Anlage in der GmbH	**250 €**	**175 €**	15 %	**446.865 €**

Die Berechnung zeigt, wie unterschiedlich die Ergebnisse ausfallen. Maßgeblich sind die richtige Strukturierung der Steuern und die erzielte Rendite. Dem Arbeitnehmer bleibt angesichts der hohen Steuern und Abgaben von seinen 250 Euro monatlich nur wenig zum Anlegen.

Zudem sind viele Anlagen mit geringen Renditen auf dem Markt. Diese niedrigen Renditen müssen dann teilweise noch versteuert werden, was in der obigen Berechnung noch gar nicht berücksichtigt ist. Der GmbH bleibt dagegen wesentlich mehr Geld zum Anlegen. Sie wird zudem in der Regel eine höhere Rendite erzielen und die Erträge nur niedrig besteuern. Die oben angegebenen Renditen für die GmbH sind nach Steuern gerechnet.

Das Fazit beim Thema Versichern fällt also eindeutig aus: Alle Erfahrungen zeigen, dass derjenige besser fährt, der sich selbst um seine Absicherung kümmert und die GmbH dafür nutzt. Nur muss jeder selbst diese Vorsorge treffen und entscheiden, welche Instrumente zum Einsatz kommen sollen. Was hier nach heikler Aufgabe klingen mag, bedeutet jedoch nur wenig Aufwand, den sogar Arbeitnehmer immer häufiger leisten müssen. Die letzten Jahre haben deutlich gemacht, dass der Staat aus finanziellen Gründen generell immer weniger für die Bürger sorgt. Eine steigende Verantwortung lastet also auf der gesamten Gesellschaft.

Die Familie in der Firma

So viel zum Thema Versichern. Doch sind damit längst nicht alle Möglichkeiten erschöpft, wie sich die eigene Familie absichern lässt. Denn ein weiterer Vorteil meiner Strategie besteht darin, auch andere Familienmitglieder einbeziehen zu können. Selbstverständlich spricht nichts dagegen, den Ehepartner mit einem 450-Euro-Job auszustatten, da keine steuerlichen Auswirkungen für diesen entstehen, die GmbH übernimmt die pauschalen Zahlungen für Steuern und Sozialversicherung. Der Partner erhält sogar eine (minimale) Rentenerhöhung, aber keine anderen Sozialleistungen aus diesem Job. Das Familieneinkommen lässt sich also steuerfrei erhöhen und gleichzeitig den zu versteuernden Gewinn der GmbH senken.

Der 450-Euro-Job macht den Partner rentenversicherungspflichtig. Der Arbeitgeber (die GmbH) führt ja bereits Rentenversicherungsbeiträge als Pauschale ab, das sind derzeit 15 Prozent. Der reguläre Rentenversicherungsbeitrag beträgt aber 2013 18,9 Prozent. Nun kann der Partner die 3,9 Prozent aus der eigenen Tasche zuzahlen, und ist damit Rentenversicherungspflichtig beschäftigt. Auf diese Weise lassen sich weitere Vergünstigungen erzielen, etwa die Riester-Förderung. Die Berechnung sieht so aus:

Beitragssatz in der Rentenversicherung (2013)	18,9 %
Pauschalabgaben des Arbeitgebers zur Rentenversicherung	15,0 %
Arbeitnehmeranteil bei Aufstockung	3,9 %
Monatslohn des Arbeitnehmers	450,00 €
Arbeitnehmeranteil zur Rentenversicherung	17,55 €
Nettolohn des Arbeitnehmers	432,45 €

Außerdem stehen 450-Euro-Jobbern zahlreiche weitere Vergünstigungen für Arbeitnehmer offen, die pfiffige Steuersparer nutzen können:

- **steuerfreie Sachbezüge bis 44 Euro im Monat,**
- **steuerfreie Sonntags-, Feiertags- und Nachtzuschläge,**
- **Rabattfreibetrag bis 1.080 Euro jährlich,**
- **Freibetrag für bestimmte betriebliche Altersversorgungen,**
- **Freibetrag für nebenberufliche Tätigkeiten als Übungsleiter usw.,**
- **Fahrtkostenzuschuss des Arbeitgebers für Fahrten zwischen Wohnung und Arbeitsstätte soweit der Arbeitgeber diese mit 15 Prozent pauschal versteuert**

Aus diesen Elementen lässt sich ein schönes Gesamtpaket schnüren.

FALLBEISPIEL 6: ANNA

Anna arbeitet als 450-Euro-Kraft in der gutgehenden GmbH ihres Mannes mit. Sie erhält 450 Euro netto jeden Monat. Der GmbH entstehen folgende Kosten:

Nettolohn	**450 €**
pauschale Abgaben (30 %)	**135 €**
Aufwand für Lohnabrechnung	**20 €**
Gesamtaufwand	**605 €**

Als Kosten (alles was nicht in der Familie bleibt) entstehen der GmbH damit monatlich 155 Euro, das sind 25,6 Prozent vom Gesamtaufwand. Dieser Gesamtaufwand mindert den Gewinn der GmbH und erspart dadurch 30 Prozent Gewerbesteuer und Körperschaftsteuer. Diese 30 Prozent werden auf den Gesamtaufwand berechnet, also auf die 605 Euro. Steuerersparnis: 181,50 Euro. Alternative: Annas Ehemann könnte alternativ sein eigenes Gehalt bei der GmbH um 605 Euro erhöhen. Wie viel Lohnsteuer der Fiskus in diesem Fall einbehält, hängt von der Gehaltshöhe ab und kann von 0 (bei sehr niedrigem Gehalt) bis zu 45 Prozent plus Soli und Kirchensteuer reichen.

Gehaltszahlungen dürfen jedoch nicht ohne Gegenleistung erfolgen, doch Arbeiten wie Buchhaltung, Archiv oder ähnliches fallen in jeder Firma an. Ähnlich lassen sich auch Kinder mit einbeziehen. So sind Eltern für deren Unterhalt zuständig. Hilft ein Kind in bestimmten Bereichen der Firma mit – erledigt ein Sohn beispielsweise an zwei Nachmittagen den Versand – kann dafür selbstverständlich eine angemessene Entlohnung erfolgen. Erhält der Sohn dafür nun 1.000 Euro pro Monat, müssen die Eltern selbstverständlich nicht noch weiter finanziell für ihn aufkommen und die Kosten sind steuerlich optimal genutzt. Diese Lösung ergibt dann Sinn, wenn Kinder tatsächlich Unterhalt benötigen, also etwa im Fall eines Studiums. Doch es lassen sich noch weitere Steueroptimierungsmöglichkeiten ergreifen.

Schauen wir uns dazu wieder unseren Freund Albert an. Albert hat eine Tochter, die in der Schule gerade die Grundlagen der Buchhaltung lernt. Warum, denkt sich Albert, soll sie nicht im Rahmen eines 450-Euro-Jobs für eine Firma die Buchführung übernehmen? Natürlich nur, wenn sie das auch möchte und selbstverständlich kann sie das nicht alleine, schließlich ist sie noch jung und der Schulstoff streift nur die Oberfläche. Aber mit Anleitung des stolzen Papas kann sie durchaus wichtige Arbeiten übernehmen. Das hat nun zwei Vorteile. Erstens führt Albert sie schon früh an sein Geschäft heran und vermittelt ihr ein Gefühl für die Arbeit mit Geld und ein Verständnis dafür, woher das Geld eigentlich kommt. Auf der anderen Seite sprechen steuerliche Gründe dafür. So sind die 450 Euro Lohn steuerlich irrelevant für das Mädchen, gut gebrauchen kann sie das Geld jedoch ganz sicher. Die Firma dagegen reduziert ihre Steuerlast. Doch lassen sich noch weitere Möglichkeiten denken: Was ist dagegen einzuwenden, wenn sich die beiden beim Essengehen über die Buchführung unterhalten? Und warum sollte dann nicht die Firma den Restaurantbesuch bezahlen? Schließlich ging es um geschäftliche Themen. Die Regeln des Steuerspiels bieten also genug Freiräume.

Lebensunterhalt ohne aktive Arbeit

Die meisten Leser werden hier sicher an Ruhestand und Rente denken. In meinem Sprachschatz vermeide ich jedoch in diesem Zusammenhang bewusst alle Worte, die mit „Altersversorgung" zu tun haben. Das hat nichts mit Jugendwahn zu tun, sondern fußt auf meinem Bild des Lebensunterhalts. Meine Strategie baut erstens darauf, durch berufliche Tätigkeit und kluge Finanzplanung ein Vermögen aufzubauen. Zweitens zielt sie auf eine Absicherung für Zeiten ab, in denen man nicht aktiv arbeiten möchte. Wann das der Fall ist, sollte jeder im Idealfall selbst entscheiden können. Dieser Anspruch lässt sich mit einer GmbH und deren Vermögen verhältnismäßig leicht verwirklichen. Denn wenn die GmbH genügend Geld verdient und angespart hat, ist eine „Altersvorsorge" im landläufigen Sinn nicht mehr erforderlich. Doch lassen Sie uns zunächst einmal den grundlegenden Unterschied zwischen dem Konzept „Rente" und dem Konzept „Lebensunterhalt" betrachten.

Ein Arbeitnehmer arbeitet üblicherweise bis zum Eintritt in den Ruhestand und ab einem Alter von 65 oder 67 Jahren bezieht er dann Rente und vielleicht einige zusätzliche Bezüge. Diese sorgen dann (im günstigsten Fall) für ein auskömmliches Einkommen zum Lebensabend. Sein Beschäftigungsverhältnis endet also und damit die finanzielle Verbindung mit „seiner" früheren Firma. Ganz anders sieht die Situation für Menschen aus, die meine Strategie befolgen und auf eine GmbH setzen. Diese lösen ihre Firma keineswegs auf, wenn sie nicht (mehr) arbeiten möchten. Wenn sie keine Lust auf Arbeit haben oder keine finanzielle Notwendigkeit mehr für eine berufliche Tätigkeit besteht, ist der Zeitpunkt gekommen, die Substanz zu nutzen. Weil nach einigen Jahren Vermögen in der GmbH steckt, bezahlt sie das Gehalt im Idealfall durch ihre Erträge oder auch durch Auflösung von Anlagen. Bei meiner Strategie kommt es deshalb darauf an, nicht den kompletten Gewinn auszuschütten, sondern ihn anzulegen. Zumal es rechtlich kein Problem darstellt, die „übrig gebliebenen" Gewinne aus der früheren Geschäftstätigkeit zu nutzen, um ein Gehalt davon zu zahlen.

„Die GmbH zahlt auch ohne aktive Geschäftstätigkeit.“

Kommen wir nun zur zentralen Frage der Sicherung des Lebensunterhalts auch nach Beendigung der aktiven Arbeit: Wie lange muss das Geld reichen? Die beruhigende Antwort ist, dass wir es nicht wissen. Ein wenig Hilfe bietet höchstens die Statistik. Diese sagt für einen 60-jährigen Mann eine Lebenserwartung von weiteren 23 Jahren voraus. Daraus lässt sich der populäre Kalauer weiterentwickeln, warum am Ende des Geldes noch so viel Monat übrig ist. Was passiert, wenn ich 90 werde, meine GmbH-Vermögensplanung aber mit 85 zu Ende ist? Dagegen sollten wir uns wappnen. Zumal die Zeit vom 60. bis zum 90. Lebensjahr genauso lang ist, wie die Zeit vom 30. bis zum 60! Machen wir etwas daraus! Das dürfte nicht allzu schwer fallen, schließlich konnten 60-Jährige in ihrem Leben viel lernen und haben dabei gezeigt, wie sich ein Vermögen aufbauen lässt. Ihre Zeit ist damit gekommen, auf diesem Wissen, diesen Erfahrungen und diesem Vermögen aufzubauen und das Leben zu genießen und auszukosten.

„Die Zeit vom 60. bis zum 90. Lebensjahr ist genauso lang wie die Zeit vom 30. bis zum 60. Lebensjahr.“

Mit diesen Erfahrungen im Rücken fallen die Erträge meist so hoch aus, dass die weitere Lohnzahlung ohne Minderung der Substanz möglich ist. Es kommt in der Zeit aktiven Einkommens also vor allem darauf an, die GmbH so auszustatten, dass sie immer ein ausreichendes Gehalt bezahlen kann.
Als Teil meiner Strategie empfehle ich daher ein ganzheitliches Konzept zur Finanzierung des Lebensunterhalts, das auch die Zeit ohne aktive Arbeit um-

fasst. Noch ein Wort zu den Vermögenserträgen im Alter: Erfahrungsgemäß überschätzen viele Menschen, welches Vermögen für ein gesichertes Gehalt im Alter nötig ist. Sie unterschätzen, welche Renditen tatsächlich möglich sind und unterschätzen damit die Höhe des benötigten Vermögens. Ich habe persönlich viele Menschen kennengelernt, die Renditen von 15 Prozent pro Jahr sicher erreichen. Sie haben im Lauf der Jahre sehr viel finanzielles Know-how angehäuft. Ein Beispiel dafür beschreibe ich in den folgenden Kapiteln noch ausführlich. Und wenn wir annehmen, dass sich mit 50.000 Euro pro Jahr das Leben sehr gut bestreiten lässt, reicht bereits ein Vermögen von 400.000 Euro völlig aus. Wer also denkt, er sei erst durch Millionen abgesichert, liegt glücklicherweise daneben.

Eine weitere Möglichkeit, ohne eigene Arbeitsleistung an das Geld der GmbH zu kommen, besteht darin, ein Darlehen von ihr aufzunehmen. Wir können Geld also nicht nur in die Firma verlagern, um damit zu arbeiten, sie kann es zudem an uns verleihen. Dazu ist ein Darlehensvertrag nötig – wieder auf privatschriftlicher Basis – der plausible Konditionen enthält. Ein zinsloses Darlehen beispielsweise kommt schnell in den Geruch einer verdeckten Gewinnausschüttung. Wichtig ist es bei einem Darlehen der Firma, dass der Schuldner seine Pflichten erfüllt und pünktlich bezahlt. Sonst ist die GmbH gezwungen, rechtliche Maßnahmen einzuleiten. Weil, wie wir im ersten Abschnitt erläutert haben, der Geschäftsführer im Sinn der GmbH agieren muss, sind derartige Situationen als problematisch anzusehen. Im Fall von Geldbedarf ist es natürlich praktisch, wenn in der GmbH bereits ein Darlehen steckt. Dieses Geld lässt sich dann sehr leicht und vor allem steuerfrei entnehmen.

Steuern im Ruhestand

Wir haben nun gesehen, wie Zahlungen der GmbH an den Geschäftsführer auch ohne aktive Arbeit möglich sind. In der Regel dürfte der Bedarf dazu im Alter in Form von Ruhestandsbezügen auftreten. In den letzten Jahren fand hierzu eine umfangreiche Diskussion in der Presse statt, die das Thema „nachgelagerte Besteuerung“ durchleuchtet hat. Dieses Prinzip bedeutet, dass

Renten in Zukunft immer mehr der Einkommensteuer unterliegen werden – Freibeträge ausgenommen. Entstanden sind dadurch eine große Verunsicherung und viele Zweifel hinsichtlich ausreichender Rentenhöhen. Ein wichtiges Ziel meiner Strategie besteht darin, der Zeit ohne aktive Erwerbsarbeit gelassen gegenüberstehen zu können. Deshalb lege ich wenig Wert auf die Zusagen der Rentenversicherung oder auf private Zusatzversorgungen anderer Anbieter. Wie beschrieben geht es mir vielmehr darum, mit Hilfe einer Kapitalgesellschaft vorzusorgen und diese Vorsorge steuerlich optimal zu gestalten. Deshalb bedeutet der Übertritt von der Phase aktiver Arbeit in die Phase ohne aktive Arbeit steuerlich gesehen keine nennenswerte Veränderung. Selbstverständlich gelten für die Zeit ohne aktive Arbeit dieselben steuerlichen Regelungen, wie sie bereits im Abschnitt über die optimale Gehaltshöhe beschrieben wurden. Die GmbH verwaltet also weiterhin die vorhandenen Wertgegenstände, kassiert Dividenden und sonstige Erträge und verteilt diese in die bekannten drei Töpfe – ganz egal, ob der Geschäftsführer noch arbeitet oder nicht. Ihr Zweck ist dann nicht mehr die Abwicklung des eigentlichen Geschäfts, sie dient nur noch der Deckung des persönlichen Bedarfs sowie der Sicherung des Vermögens. Umso zentraler erscheint daher die Frage, wie sich die nötigen Erträge erwirtschaften lassen und welche Möglichkeiten sich bieten, um den Gewinn bestmöglich anzulegen.

Viele Versicherungen lassen sich in die GmbH verlagern, insbesondere die Vorsorge für die Zeit ohne aktive Arbeit. Eine Kapitalgesellschaft gestattet es, viele Beiträge steuerfrei und mit einer hohen Rendite anzulegen sowie die Kontrolle über sein Vermögen zu behalten. So entsteht der Grundstein für Gehaltszahlungen auch ohne aktive Arbeit.

Geldanlagen in der GmbH

Der Zweck jeder Kapitalgesellschaft liegt zuallererst in ihrer Geschäftstätigkeit. Sie verkauft also Güter oder bietet Dienstleistungen an und verdient mit diesen Tätigkeiten in der Regel ihr Geld. Erfolgreiche GmbHs haben darüber hinaus einen zweiten Geschäftszweig, die Vermögensverwaltung. Sie verwalten ihr selbst verdientes Vermögen. Dazu kommen alle bekannten Vermögensanlagen in Frage, beispielsweise Wertpapiere, Immobilien oder Beteiligungen. Diese sorgen im Normalfall für zusätzliche Erträge, die meist als Gewinn mit 15 Prozent Körperschaftsteuer versteuert werden müssen und ggf. mit weiteren 15 Prozent Gewerbesteuer. Dieses Vermögen kann die Basis dazu bilden, auch ohne aktive Geschäftstätigkeit Erträge zu generieren. Die Literatur kennt diesen Prozess als passives Einkommen. Genau dieser zweite Geschäftszweck eines Unternehmens eignet sich dazu, dem Eigner auch außerhalb einer aktiven Tätigkeit für seine Firma Lohn zahlen zu können – so wie es das letzte Kapitel skizziert hat. Ziel sollte es sein, ein Leben lang von den Erträgen der Firma leben zu können und eben nicht von einer Arbeit oder von Rentenzahlungen Dritter abhängig zu sein. Mit der Anlage niedrig versteuerter Gewinne und Rückstellungen nutzen wir eine Möglichkeit, die sich Arbeitnehmern oder Einzelunternehmern nicht bietet. Denn wie wir wissen, stehen diesen nur ihre Nettoeinkünfte zur Verfügung, um Geld anzulegen.

„Erfolgreiche GmbHs verwalten ihr selbst verdientes Vermögen."

Ganz wichtig vorab: In steuerlicher Hinsicht und in Bezug auf den Ertrag hängt sehr viel von der jeweiligen Anspardauer ab. Viele Menschen überschätzen, was sich in einem Jahr ansparen und verdienen lässt. Sie unterschätzen jedoch, was in zehn oder zwanzig Jahren möglich ist, wenn zu den Erträgen auch noch die gesparten Steuern hinzukommen. Die Steuerstrategie dieses Buchs setzt daher auf lange Zeiträume, sie versteht sich im Wortsinn als Lebenswerk. Doch zurück zum Thema Geldanlage. Nehmen wir an, Sie wollen die hier beschriebene Strategie umsetzen und den Vermögensaufbau in die GmbH verlagern. Nehmen wir zudem an, Sie besitzen bereits Vermögenswerte, also beispielsweise Wertpapiere, Immobilienbesitz, eine Beteiligung oder Bargeld. Fragen wir uns deshalb zunächst, wie bereits vorhandene Vermögenswerte in die GmbH kommen. Ganz einfach fällt die Antwort aus, wenn es sich um Bargeld handelt. Dieses lässt sich einfach auf das Konto der GmbH einzahlen oder überweisen. Vorab ist nur festzulegen, wie diese Einzahlung zu behandeln ist. Uns stehen zwei Möglichkeiten zur Verfügung: Erstens können wir das Geld in Form einer Einlage einbringen. Diese müssen die Gesellschafter zunächst beschließen und diesen Beschluss einem Notar zur Beurkundung vorlegen. Danach fließt das Geld auf das GmbH-Konto und erscheint in der Bilanz als Eigenkapital. Das macht sich gut bei der Bank, weil es die Bonität erhöht. Die Einlage wirkt somit positiv – allerdings nur in dieser Beziehung. Breiter betrachtet, produzieren wir damit eher Nachteile. Denn obwohl ein Gesellschafter Kapital zur Verfügung stellt, bringt ihm eine solche Einlage keine Zinsen. Zwar lässt sich diese Einlage wieder an den Gesellschafter zurücküberweisen, dazu ist jedoch ein weiterer Gesellschafterbeschluss inklusive Gang zum Notar nötig. All das kostet Geld und damit schränkt eine Einlage die Flexibilität eher ein. Im Kapitel über die GmbH-Gründung haben wir bereits gelernt, dass wir vorhandenes Geld auch nicht in Form einer höheren Stammeinlage bei Gründung einbringen sollten. Einlagen über die Stammeinlage hinaus dürfen wir daher aus steuerlicher Sicht schnell wieder vergessen.

Flexibler lässt sich agieren, wenn das Geld in Form eines Darlehens an die GmbH fließt. Dazu genügen ein Darlehensvertrag und die anschließende Zahlung auf ein Konto der GmbH. Der Darlehensvertrag sollte regeln, über welchen Zeitraum das Darlehen laufen soll, welche Kündigungsfrist und welcher Zinssatz gelten und wann die Zinsen jeweils fällig werden, also etwa monatlich oder jährlich. Bereits in der Gründungsphase hat der Eigner vielleicht schon ein Darlehen an seine GmbH gegeben, wie wir im entsprechenden Kapitel gesehen haben. Im Vergleich zur Einlage bietet das Darlehen wesentliche Vorteile. So kassiert der Darlehensgeber Zinsen, die nötigen Schritte erfordern weniger Bürokratie – so ist kein Notar erforderlich – und es ist leichter, wieder an das Geld heranzukommen. Zwar muss der Darlehensgeber die Zinszahlungen selbstverständlich versteuern, doch gilt ein niedrigerer Satz als für normale Einkünfte. Darlehen haben außerdem den großen Vorteil, dass sie sich später wieder steuerfrei aus der GmbH herausnehmen lassen. Noch ein Wort zur Zinshöhe: Niedrig angesetzte Zinsen führen selten zu Nachfragen des Fiskus, zinslose Darlehen gelten dagegen oft als Schenkung und sind deshalb problematisch. Auch wer sehr hohe Zinsen verlangt, bekommt meist Schwierigkeiten. Das Finanzamt geht in diesen Fällen davon aus, dass es sich bei der Zinszahlung in Wirklichkeit um eine Gewinnausschüttung handelt. Die genannten Regeln gelten nicht nur für Bargeld im engen Sinne. Auch Aktiendepots und andere Wertpapiere lassen sich analog zum Bargeld problemlos als Darlehen in die GmbH verlagern. So kann die Verwaltung des eigenen Vermögens vollständig in die GmbH verlagert werden. Das ist übersichtlicher und spart Kosten.

„Kapital lässt sich günstig per Darlehen in die GmbH überführen."

An einem Punkt können Darlehen an die GmbH jedoch gefährlich werden: Bezahlt die GmbH das Darlehen zurück und geht dann pleite, kann der Insolvenzverwalter ein Jahr lang diese Rückzahlung anfechten. Das bedeutet, der Darlehensgeber müsste das bereits zurückgezahlte Darlehen wieder an die GmbH herausgeben. Mit anderen Worten, das Geld ist weg. Wenden wir uns zur besseren Verständlichkeit wieder unserem Freund Albert zu. Albert leiht seiner GmbH 100.000 Euro. Das Darlehen läuft schon viele Jahre und die GmbH bezahlt brav die vereinbarten 6 Prozent Zinsen. Nun möchte Albert die GmbH verkaufen. Da der Käufer das Darlehen in der GmbH nicht versteht und auch nicht benötigt, tilgt die GmbH das Darlehen und überweist Albert 100.000 Euro am 3. Februar. Am 1. März kauft dann Klaus die GmbH, macht aber in den folgenden Monaten einen Fehler nach dem anderen. Schließlich ist Klaus am 1. Dezember gezwungen, Insolvenz anzumelden. Bald darauf meldet sich der Insolvenzverwalter bei Albert. Das Darlehen wurde vor weniger als einem Jahr zurückgezahlt und der Insolvenzverwalter kann nun die Rückzahlung der 100.000 Euro verlangen. Schwierigkeiten können also sogar dann entstehen, wenn man die GmbH immer erfolgreich geführt hat. Deshalb kommt es darauf an, ein Darlehen bereits ein Jahr vor dem geplanten GmbH-Verkauf aus der GmbH herauszunehmen. Ein weiteres Beispiel für die Wichtigkeit, Verantwortung für sein Handeln zu übernehmen.

Geld lässt sich zudem in Form eines Kredits in die Firma bekommen. Sind also beispielsweise größere Investitionen fällig und das nötige Kapital ist nicht vorhanden, bleibt der Gang zur Bank. Gerade im Fall frisch gegründeter GmbHs sind selten größere Vermögenswerte vorhanden, im Gegenteil. Trotzdem muss sich die Firma nicht unbedingt eine Absage einhandeln, in solchen Situationen bürgen die Gesellschafter. Insofern bringt eine GmbH also keine Verbesserung im Vergleich zum Einzelunternehmen, hier haftet der Gesellschafter persönlich. Sehr wohl positiv bewerten die meisten Banker jedoch die verbesserte Steuersituation. Wer unter 30 Prozent Steuerlast bleibt und Gewinne in der Firma behält, steigert seine Bonität und seine Kapitaldienstfähigkeit: Es ist mehr Geld vorhanden, um den Kapitaldienst (Zinsen und Tilgung) an die Bank zu leisten. Um die persönliche Haftung herumkommen können die Gesellschafter dann, wenn bereits Vermögenswerte in der GmbH vorhanden sind und die Banken diese als Sicherheit anerkennen.

Nun haben wir erörtert, wie vorhandene Vermögenswerte in die GmbH wandern können. Verfügt die Kapitalgesellschaft über freie Mittel, stehen ihr genauso viele Möglichkeiten der Geldanlage zur Verfügung wie einer Privatperson. Sie kann also beispielsweise Aktien oder andere Wertpapiere kaufen oder Immobilien erwerben. Ebenso kann sie jedoch auch höchst spekulativ vorgehen und mit Zertifikaten oder Optionsscheinen handeln. All das bleibt in der Kompetenz des Geschäftsführers. Eines braucht dieser auf jeden Fall als Voraussetzung für den Erfolg: Er muss sich mit den Werten und dem Vermögen beschäftigen.

Die Vermögens-GmbH

Bislang stand die Kapitalgesellschaft vor allem in ihrer Rolle als Mantel für die selbständige, geschäftliche Tätigkeit im Mittelpunkt. Ihre steuerlichen und finanziellen Möglichkeiten lassen sich jedoch auch im Fall eines Arbeitnehmers nutzen, der die Gesellschaft lediglich zum Vermögensaufbau gründen möchte.

FALLBEISPIEL 7: ANTON

Anton arbeitet als leitender Angestellter bei einem großen Industriekonzern. Daneben verwaltet er sein privates Vermögen, das durch eine Erbschaft und eigene Sparbemühungen einen Wert von 600.000 Euro erreicht hat. 200.000 Euro davon hat Anton in Wertpapieren, hauptsächlich Aktien investiert, der Rest ist bei seiner Bank als Festgeld verzinslich angelegt. Anton möchte mehr Geld in Sachwerte investieren und interessiert sich daher für den Kauf einer Immobilie in der Nähe seines Wohnorts. Die Immobilie erscheint sehr günstig, es muss aber in den nächsten fünf Jahren einiges investiert werden.

Anton kann nun für seine Vermögensverwaltung eine eigene Gesellschaft gründen. Er stattet sie mit 25.000 Euro Stammkapital aus. Als Darlehen fließen die restlichen 575.000 Euro seines Vermögens in die GmbH. Anton kauft die Immobilie für 250.000 Euro. Nach Ablauf von 3 Jahren steckt er weitere 150.000 Euro in die Immobilie. Im 6. Jahr verkauft er die Immobilie für 750.000 Euro.

Die Dividenden (und realisierten Wertsteigerungen) aus den Aktien sind für die GmbH (fast) steuerfrei. Nur 5 Prozent der Gewinne werden versteuert, 95 Prozent bleiben dagegen steuerfrei[10]. Bei Immobilien werden alle Gewinne versteuert, also sowohl die Mietüberschüsse als auch der Gewinn beim Verkauf. Hier profitiert Anton allerdings vom niedrigeren Steuersatz (maximal 30 statt 45 Prozent). Will Anton die Immobilie allerdings langfristig (mehr als 10 Jahre) halten, wäre die Einkommensteuer vorteilhafter als die Körperschaftsteuer: Nach 10 Jahren sind private Immobilienverkäufe steuerfrei.

Die GmbH zahlt dennoch nur niedrige Steuern auf das Immobilieninvestment. Denn die Schuldzinsen, die die GmbH an Anton für das geliehene Geld bezahlt, mindern den Gewinn. Und zwar in voller Höhe. Anton muss diese Zinseinnahmen versteuern, aber mit einem reduzierten Steuersatz. Wieder eine Möglichkeit, Steuern zu steuern, denn den angemessenen Zins kann Anton schließlich selbst festlegen.

Da dieses Buch die steuerlichen Aspekte der persönlichen Finanzen sehr umfassend beleuchten möchte, werde ich in den folgenden Kapiteln auch auf einige Strategien zur Geldanlage und auf die damit verbundenen Steuern eingehen. Als zentrale Säulen meiner Anlagestrategie setze ich auf Aktien und Immobilien. Beide Anlagcklassen bieten zum einen größtmögliche Sicherheit – es stehen reelle Werte dahinter – und zum anderen lassen sich mit ihnen hervorragende Renditen erzielen.

Eine Kernaufgabe der Kapitalgesellschaft besteht darin, erwirtschaftetes Geld anzulegen und damit ein Vermögen anzusparen. Dazu stehen alle Möglichkeiten der Geldanlage zur Verfügung. Neben selbst erarbeitetem Kapital kann die GmbH dazu auch Geld nutzen, dass die Gesellschafter per Darlehen an die Kapitalgesellschaft ausleihen.

Anlagen in Form von Aktien

Die letzten Jahrzehnte haben eindrucksvoll gezeigt, dass kaum eine Anlageform bessere Renditechancen aufweist als Aktien – und das bei vergleichsweise geringem Risiko, schließlich stehen reale Werte dahinter und das Investmentgesetz wertet Aktien als Sondervermögen. Wer zum Beispiel vor 20 Jahren in internationale Standardwerte investiert hat, schlägt mit seinen Erträgen jegliche Festzinsanlage oder Anleihen. Auch wenn eine GmbH ihr Geld in Aktien anlegt, profitiert sie von Dividenden und Kursgewinnen.

Jährliche Performance amerikanischer Aktien von 1900 bis 2010

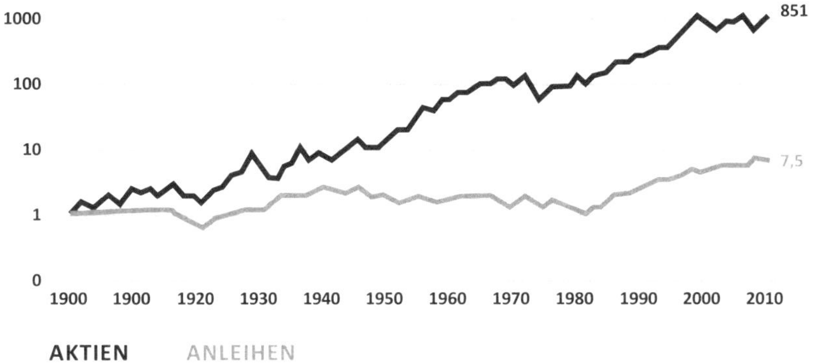

Der Aktionär erhält also einen direkten Anteil des Gewinns der jeweiligen Aktiengesellschaft und er kann seine Aktien nach Kurssteigerungen wieder verkaufen. Beide Arten von Erträgen sind erst dann zu versteuern, wenn sie realisiert werden. Diese Regeln gelten auch für Privatpersonen. Allerdings langt der Fiskus bei diesen deutlich stärker zu. Es gilt die sogenannte Abgeltungsteuer in Höhe von 25 Prozent. Von den Dividenden behält das Finanzamt also ein Viertel. Viel besser sieht es im Fall einer GmbH aus. Wo Privatpersonen mit 25 Prozent zur Kasse gebeten werden, schlagen diese Erträge im Fall einer GmbH gerade einmal mit zirka 0,8 Prozent zu Buche. Die Rechnung dahinter: Für Kapitalgesellschaften sind Dividenden grundsätzlich steuerfrei. Seit 2004 versteuert der Fiskus jedoch 5 Prozent der erhaltenen Dividende als nicht abzugsfähige Betriebsausgaben. Wer den Körperschaftsteuersatz von 15 Prozent auf diese 5 Prozent ansetzt, kommt auf die erwähnten 0,8 Prozent.

Rendite durch Dividenden

GmbH AKTIENBESITZ

DIVIDENDE 1.000 €

5 % (50 €) sind zu versteuern mit

KÖRPERSCHAFTSTEUER 15 %

STEUER 7,50 € **992,50 € bleiben netto**[12]

In dieser Rechnung sind also de facto 95 Prozent der Dividenden von der Körperschaftsteuer befreit. Ähnliches gilt für Kursgewinne, allerdings lassen sich Kursverluste damit nicht geltend machen. Möchte die GmbH Gewinne aus Wertpapiergeschäften thesaurieren, also wieder anlegen, kann sie das dank dieser Regelung fast ohne Abzüge tun. Mit diesem niedrigen Steuersatz will der Fiskus den Firmen dabei helfen, ein Vermögen aufzubauen. Schließlich sollen sie möglichst lange überleben und Arbeitsplätze schaffen. Soviel zum Verbleib des (Aktien-)Kapitals in der GmbH. Anders sieht es aus, will der Geschäftsführer Kasse machen.

Nimmt er das Geld aus der GmbH heraus, fallen die üblichen 25 Prozent Abgeltungsteuer an. Diese werden dann im Rahmen der Einkommensteuererklärung angerechnet und können zu einer noch niedrigeren Steuerbelastung führen. Sinnvoll sind derartige Ausschüttungen besonders dann, wenn das aktive Geschäft ruht und die Substanz der Firma den Lohn erwirtschaftet. Klassischerweise lässt sich damit ein Ruhestandsgeld finanzieren.

GmbH AKTIENBESITZ

	AUSSCHÜTTUNG	**1.000 €**
	ABGELTUNGSTEUER	**25 % (plus Solidaritätszuschlag)**
STEUER 250 €		**750 € bleiben netto**

Depots lassen sich mehrfach nutzen

Im Abschnitt über die Versicherungen habe ich erwähnt, dass sich mit einer guten Anlagestrategie Renditen von 15 Prozent erzielen lassen. Das mag vermessen klingen, ist aber durchaus realistisch. Deshalb möchte ich mich ein wenig von den Steuern entfernen und das Thema Aktienanlage näher betrachten. Viele Investoren kaufen Aktien, weil sie auf Kurssteigerungen spekulieren und gegebenenfalls die Dividenden einstreichen wollen. Doch bieten sich Profis noch weitere Möglichkeiten, von einem Aktiendepot zu profitieren. So lassen sich Depotpositionen bei manchen Brokern und Banken vermieten und dafür Zinsen kassieren.

Das funktioniert, weil die sogenannten ungedeckten Leerverkäufe verboten wurden und die professionellen Händler deshalb ihre Spekulationen auf fallende Kurse mit realen Aktien unterlegen müssen. Diese kaufen sie nicht, sondern mieten sie und jeder Aktionär mit dem entsprechenden Depot – die Termingeschäftsfähigkeit vorausgesetzt – kann als Vermieter auftreten. Und für diese Vermietung kassiert der Depotbesitzer Mietgebühren etwa in Höhe von 0,5 bis 4 Prozent pro Monat.

Praktisch lässt sich diese Strategie umsetzen, indem der Aktionär einen sogenannten Call schreibt. Er verkauft also eine Call Option. Die Call Option gibt dem Käufer das Recht (aber nicht die Pflicht), die Aktie zu einem bestimmten Preis zu kaufen. Eine Gefahr besteht hier nicht, da beim Erreichen des vereinbarten Preises lediglich die Option ausgeführt werden kann. Der Aktionär erhält in diesem Fall den vereinbarten Preis für diese Aktie. Sollten die Aktien gar nicht verkauft werden, kann der Aktionär sie augenblicklich wieder an der Börse zurückkaufen. Das Depot befindet sich also wieder auf dem Stand von vorher und das Risiko ist beschränkt.

Noch eine Möglichkeit? Ein Wertpapierdepot lässt sich in der GmbH als Sicherheit für einen sogenannten Lombardkredit nutzen. Dabei nimmt der Depotbesitzer einen Kredit auf und die Bank beleiht nun diese Aktien, die Beleihungswerte liegen meist bei 60 bis 80 Prozent. Die Bank erhält als Sicherheit diese Aktien. Da es die Bank nur einen Mausklick kostet, die Aktien bei ausbleibenden Zinszahlungen auf sich zu überschreiben, hat sie überhaupt kein Risiko. Diese Lombardkredite sind daher meist sehr niedrig verzinst. Resultat: Der Anleger erhält einen sehr niedrig verzinsten Kredit in Höhe von 60 bis 80 Prozent des Wertes seines Depots. Damit kann er weitere Investitionen tätigen, die eine viel höhere Rendite abwerfen. Insgesamt lassen sich damit Renditen von 15 Prozent und mehr relativ problemlos erwirtschaften, zählt man Dividenden, Vermietung und die Chancen eines Lombardkredits zusammen. Aus meiner Sicht lohnt eine solche Strategie vor allem bei langfristig orientierten Depotwerten. Im Hinblick auf den Lombardkredit gilt auch hier der Grundsatz: Geld muss mir nicht unbedingt gehören, ich muss nur damit arbeiten können. Allerdings zeigen diese Beispiele ganz deutlich, dass es auf das Know-how des Anlegers ankommt. Erforderlich ist eine konsistente Anlagestrategie, die zur Persönlichkeit der jeweiligen Person und zu ihrer GmbH passt. Bei jeder Anlage gilt es zu hinterfragen, um welche Firma es geht, was sie tut, wie ihre Perspektiven aussehen und wo die Risiken liegen. Und wer ein Depot auf die beschriebene Weise nutzt, sollte es auch im Auge behalten. Schließlich kommt auch niemand auf die Idee, ein Haus zu kaufen, es leer stehen zu lassen und sich dann nach Jahren zu wundern, dass es keine Rendite erwirtschaftet. Vermögen lässt sich also nur dann erwirtschaften, wenn die Werte Erträge erzielen.

Der vorstehende Absatz macht deutlich, wie auch Arbeitnehmer oder Einzelunternehmer in den Genuss der Vorteile einer GmbH kommen können. Wer über Wertpapierdepots verfügt und keine Lust hat, nach jeder Transaktion stets die Abgeltungsteuer zu bezahlen, kann eine GmbH nur zu Zwecken der Vermögensverwaltung gründen. Das ist auch möglich, wenn kein sonstiges Geschäft durch diese Firma erfolgen soll. Selbstverständlich lohnt eine solche Konstruktion erst ab einer gewissen Depotgröße.

Aktien bieten sich als zentrale Form der sicherheits- und renditeorientierten Geldanlage in der Kapitalgesellschaft an. Ein Aktiendepot rentiert sich dabei in dreifacher Hinsicht: In Form von Kurssteigerungen und Dividenden, durch Vermietung geeigneter Positionen an professionelle Händler und als Absicherung für zinsgünstige Lombardkredite.

Immobilien in der GmbH

Als Wertanlage im Sinne der hier vorgestellten Strategie eignen sich Immobilien ebenso gut wie Aktien. Doch lässt sich das richtige Modell nicht so einfach definieren, wie es bei Aktien der Fall ist. Ob wir eine Immobilie privat oder per GmbH kaufen, muss sich in jedem Einzelfall erweisen. So will ein Eigentümer manche Immobilien nach dem Kauf beispielsweise entwickeln und unmittelbar danach für einen höheren Preis weiterverkaufen. Andere sollen als langfristige Renditebringer dienen. Noch viele weitere Parameter bestimmen über den optimalen Weg eines Immobiliengeschäfts. Zunächst einmal ergibt es wenig Sinn, bereits erworbene Immobilien in eine GmbH zu überführen. Dazu wäre es nötig, das Haus zu überschreiben und es entsteht ein Rattenschwanz an Kosten. So fällt Grunderwerbsteuer von derzeit 3,5 Prozent an, die viele Bundesländer außerdem gerade erhöhen, dazu kommen Notar- und Grundbuchkosten. Insgesamt werden also mindestens 5 Prozent des Immobilienwerts fällig. Immobilien bleiben daher, wo sie sind. Ganz anders sieht es beim Kauf einer Immobilie aus.

Eine GmbH eignet sich exzellent dazu, Immobilienbesitz zu verwalten und steuerlich optimal zu gestalten – das gilt vor allem für kurzfristige Engagements. Jedes Immobiliengeschäft, das in weniger als zehn Jahren abgewickelt werden soll, gehört üblicherweise in die GmbH. Warum nicht privat? Vier oder mehr Immobiliendeals innerhalb von fünf Jahren machen den Investor steuerlich gesehen zum gewerblichen Grundstückshändler und damit gewerbesteuerpflichtig. Dann zahlt auch die Privatperson nicht nur Einkommensteuer, sondern auch Gewerbesteuer und der Fiskus verlangt zudem eine Bilanzierung. Auch sind Wertsteigerungen der Immobilien nach 10 Jahren bei gewerblichen Unternehmen nicht steuerfrei. Es gelten sehr viele Vorschriften, die Privatpersonen ja gerade vermeiden wollen. Kurzfristige Immobiliendeals gehören also in die GmbH, denn dort gelten diese Vorschriften ohnehin und die Steuersätze sind niedriger. Ein Käufer muss beim Kauf der Immobilie bereits planen, wie lange er sie behalten will und was damit geschehen soll. Die steuerlichen Auswirkungen von Immobiliengeschäften in der GmbH sind schnell erklärt: Der Kauf überführt das Objekt in das Betriebsvermögen und es gelten die einschlägigen Regeln der AfA. Beim Verkauf zieht der Fiskus den Buchwert vom Verkaufspreis ab, wertet das Ergebnis als Gewinn und versteuert es mit den altbekannten 30 Prozent. Auch den Buchwert kennen wir bereits, er berechnet sich als Anschaffungskosten plus alle Kaufnebenkosten minus die getätigten Abschreibungen.

„Langfristige Immobilienkäufe gehören nicht in die GmbH."

Im Fall längerer Engagements profitieren dagegen Privatpersonen, weil sie bei Verkäufen nach zehn Jahren nicht den vollen Kaufpreis plus die Wertsteigerung nachversteuern müssen. Sie bezahlen zwar über die Jahre hinweg ihren persönlichen (im Zweifelsfall höheren) Einkommensteuersatz auf die Einkünfte, können die Immobilie jedoch nach zehn Jahren steuerfrei verkaufen[13]. Wenn sie die Immobilie selbst zu Wohnzwecken genutzt haben, ist sogar ein früherer Verkauf steuerfrei. Dieses Prinzip kann sich etwa dann lohnen, wenn eine Wohnung in einem gefragten Stadtteil liegt, die Rendite bereits hoch ist und weitere Mietsteigerungen absehbar sind. Die GmbH wäre eine schlechte

Wahl für solche Objekte, doch lassen sich ihre Möglichkeiten trotzdem einbringen. Hier bietet sich eine Konstruktion an, von der bislang noch nicht die Rede war: Die Kommanditgesellschaft (KG). Werfen wir zur Verdeutlichung wieder einen Blick auf Albert und nehmen an, er will ein Mietshaus kaufen und über mindestens zehn Jahre behalten. Außerdem hat ein Freund noch Geld auf der hohen Kante und will mit einsteigen.

Seine GmbH soll nicht als Käufer auftreten, weil sie nach 10 Jahren den Gewinn komplett versteuern müsste. Deshalb gründen die GmbH als juristische und Albert sowie sein Freund als natürliche Personen zusammen eine KG, sie melden sich einfach zusammen an als Firma. Dazu genügt ein privatschriftlicher Vertrag, der Gang zum Notar ist nicht erforderlich. Das Haus kostet 300.000 Euro und Albert teilt es in 30 Anteile zu jeweils 10.000 Euro auf. 2 Anteile erhält die GmbH, 18 Anteile behält Albert selbst und 10 Anteile verkauft Albert an den Freund, dieser wird also zweiter Kommanditist. Diese Möglichkeit bietet sich übrigens auch dann an, wenn Albert nicht genug Geld für eine interessante Immobilie hat und diese mit Unterstützung der GmbH oder seines Freundes kaufen möchte. Albert bietet seinem Freund nicht nur eine gute Investitionsmöglichkeit, er verflüssigt durch den Verkauf einen Teil seiner Investitionssumme sofort und kann andere Geschäfte damit machen. Ihre 2 Anteile bekommt die GmbH übrigens unentgeltlich. Der Grund: Alberts GmbH beschäftigt sich ohnehin mit Hausverwaltung und sichert daher zu, als Gegenwert für die kostenlosen Anteile das Mietshaus zu verwalten. Ihren Profit erhält die GmbH, wenn das Haus nach mindestens 10 Jahren verkauft wird. Sie bekommt dann 2/30 des Erlöses.

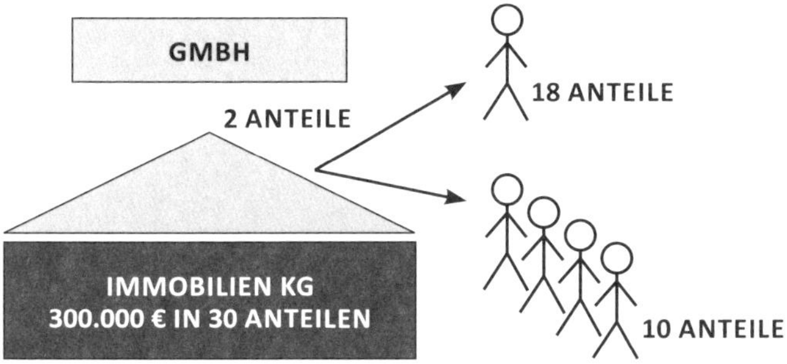

Der Clou dieser Konstruktion: Albert als Person bezahlt als Privatbesitzer zwar seinen persönlichen Einkommensteuersatz auf die Mieten, die Abschreibung auf die Immobilie mindert jedoch das Einkommen und damit den Steuersatz. Mit Hilfe des Gesellschaftsvertrages lässt sich ein Teil der Einkünfte zudem der GmbH zuordnen. Diese bezahlt dann nur die bekannten Körperschafts- und ggf. Gewerbesteuern. Hier muss Albert also genau ausrechnen, welche Verteilung sich in seinem Fall optimal auswirkt[14]. Ein großes Plus im Fall einer KG oder beim Privatbesitz: Will Albert die Immobilie nach mehr als zehn Jahren wieder verkaufen, bleibt dieser Verkauf steuerfrei, da die KG als Einzelgesellschaft gilt. Dafür ist es übrigens egal, ob ein Gebäude bereits zu 100 Prozent abgeschrieben wurde. Die hier vorgestellte Konstruktion nennt sich übrigens GmbH & Co. KG, eine GmbH (der Komplementär) und ein oder mehrere Personen (die Kommanditisten) treten als Käufer auf.

Die GmbH & Co. KG

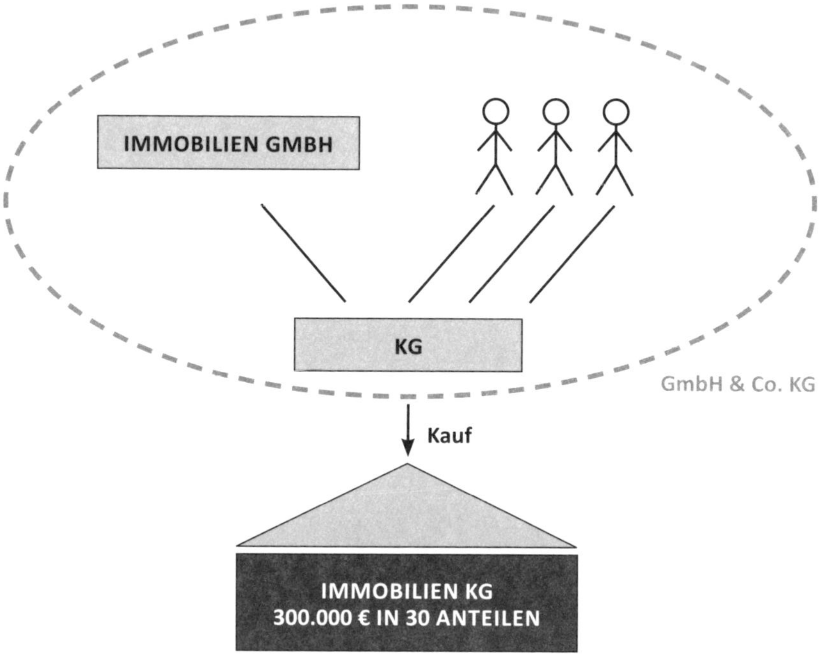

Mit Hilfe einer GmbH & Co. KG lassen sich mehrere Besonderheiten ausnutzen. So haftet niemand persönlich. Der Grund: Bei einer KG haftet immer der Komplementär persönlich und unbeschränkt. In unserem Fall ist das die GmbH. Die Kommanditisten haften lediglich mit ihrer Einlage. Die Haftungssummen lassen sich beschränken, indem die GmbH über kein Vermögen verfügt und die Einlage der Kommanditisten beispielsweise nur ein Euro beträgt. Wir steuern die Steuern, anstatt uns vom Fiskus veranlagen zu lassen. Denn im privatschriftlichen Vertrag zwischen der GmbH und den Kommanditisten können wir die Regeln so gestalten, wie sie uns passen. Macht die KG durch die Abschreibungen beispielsweise Verluste, bekommt sie den Gewinn und kann ihn dementsprechend steuerlich reduzieren. Dabei spielt es übrigens auch keine Rolle, wer welche Anteile an der Immobilie bezahlt hat – solange die Regelungen plausibel sind. Auch diese Konstruktion zeigt wieder sehr deutlich, dass meine Strategie immer auf die Eigenverantwortung setzt.

„Mit Hilfe einer KG lässt sich auch fremdes Geld mit einbeziehen."

Die Konstruktion der Gesellschaftsform hängt also jeweils von der konkreten Situation ab. Jeder Eigentümer entscheidet selbst, ob er Werte wie eine Immobilie über die Körperschaftsteuer veranlagt oder mit dem persönlichen Einkommensteuersatz. Ebenso lässt sich an Alberts Immobilien-KG wiederum gut ablesen, dass es nicht nötig ist, alles Geld auf dem eigenen Konto zu haben. Es reicht vollkommen aus, dass Albert 18/30 der Immobilie gehören. Er kontrolliert als Mehrheitseigner, was mit dem Objekt geschieht. Albert ist sehr glücklich über das Geld seines Freundes. Es gehört ihm zwar nicht, er kann es jedoch anlegen und es (auch) für sich arbeiten lassen. Zudem sind steuerliche Vorteile damit verbunden. Nähme Albert das Geld aus seiner GmbH heraus, um eine Immobilie zu kaufen, fielen dafür 25 Prozent Abgeltungsteuer an.

Eigenheimfinanzierung mit der eigenen GmbH

Betrachten wir ein noch extremeres Beispiel. Was macht der Durchschnittsbürger, wenn er sich ein Eigenheim kaufen will? Peter – wer sonst – spart 15 bis 20 Prozent des nötigen Kapitals an, geht zu seiner Bank und nimmt einen Kredit auf. Diesen bezahlt er dann die nächsten 30 Jahre ab. Steuerlich bietet dieses Prinzip überhaupt keine Vorteile und das Geld, das in Form von Zinsen an die Bank fließt, ist auch weg. Insgesamt bezahlt Peter damit sehr viel mehr für das Haus, als es kostet. Wie verfährt jemand, der meine Strategie verfolgt? Er macht es fast ganz genauso, wie das Beispiel Albert zeigt. Albert spart 20 Prozent an und stellt anschließend bei seiner GmbH einen Kreditantrag über den Restbetrag. Dann schließt er mit seiner GmbH einen Kreditvertrag und zahlt im Anschluss die Raten in Form von Zins und Tilgung an die GmbH. Der Unterschied ist beträchtlich. Albert bezahlt Zins und Tilgung nicht an die Bank, sondern an „seine" GmbH, also quasi an sich selbst. Verfügt die GmbH über genug Kapital, bekommt Albert den Kredit ohne weiteres. Voraussetzung ist selbstverständlich, dass die nötigen Mittel vorhanden sind.

Immobilien als Betriebsvermögen

Steuerliche Gesichtspunkte sind jedoch nicht nur bei Kauf und Verkauf von Immobilien zu beachten. Viele Firmen nutzen Gebäude oder Grundstücke betrieblich, wie etwa Büros, Werkstätten oder Lagerflächen. Sobald eine eigene Immobilie oder ein Teil davon dem Betrieb dient, gilt sie automatisch als Betriebsvermögen. Als klassisches Beispiel dafür lässt sich das Büro im eigenen Einfamilienhaus anführen. Nehmen wir an, das Büro eines Unternehmensberaters benötigt 15 Prozent der Fläche des Hauses. Gesetzlich gelten dann 15 Prozent des Einfamilienhauses automatisch als Betriebsvermögen. Die Erfahrung zeigt, dass viele Unternehmer diese Regel nicht kennen. Steuerlich wäre sie zwar ohnehin irrelevant, da sich häusliche Arbeitszimmer nicht mehr so leicht absetzen lassen. Doch kann dieses Nichtwissen in zwei Fällen zu einem bösen Erwachen des Unternehmers führen: Beim Verkauf des Hauses und bei einer Betriebsaufgabe. Dann wechselt das Büro vom Betriebsvermögen ins Privatvermögen und das Finanzamt rechnet in der bekannten Weise Verkaufspreis minus Buchwert und versteuert den aus dieser Rechnung entstandenen Gewinn. Diese Regel ist bitter, weil der Fiskus die Absetzung des häuslichen Arbeitszimmers zwar verweigert hat, den Gewinn jedoch trotzdem ansetzt. Noch schlimmer ist es im Fall einer Betriebsaufgabe. Denn für den Berater ändert sich gar nichts, er geht einfach in Rente. Der Fiskus macht jedoch trotzdem die bekannte Rechnung auf und die Zahlung muss erfolgen, obwohl überhaupt kein Geldzufluss da ist. Die Betriebsaufgabe zählt steuerlich als Entnahme des Arbeitszimmers aus dem Betriebsvermögen und ist zu versteuern. Liegt das Haus des Unternehmensberaters in einer guten Wohnlage, beträgt der Wert vielleicht 500.000 Euro. 15 Prozent davon ergeben 75.000 Euro – und diese sind zu versteuern, obwohl gar kein Geld eingenommen wird.

Exkurs 12: Versicherungen vs. eigene Anlagen

Julia besitzt eine Tanzschule und hat dafür vor 10 Jahren eine Halle gebaut. Die Baukosten dafür betrugen 400.000 Euro plus 100.000 Euro für das Grundstück. Julia plant, noch 20 Jahre zu arbeiten und dann die Tanzschule zu verkaufen sowie die Halle an ihren Nachfolger zu vermieten. Bis dahin ist die Halle abbezahlt und die Mieteinnahmen sollen die Altersvorsorge darstellen. Ein toller Plan – allerdings ohne die Rechnung mit dem Finanzamt. Den Fiskus interessiert in 20 Jahren der aktuelle Wert der Halle.
Nach den Erfahrungen der letzten Jahre verdoppeln sich die Preise alle 10 Jahre, die Halle dürfte also nach 30 Jahren etwa 400.000 Euro x 2 x 2 x 2 = 3,2 Millionen Euro wert sein. Abgezogen wird der Buchwert. Da die Abschreibung von 2 Prozent jährlich über 30 Jahre erfolgt ist, wurden von den 400.000 Euro dann bereits 60 Prozent abgeschrieben und der Buchwert beträgt damit 160.000 Euro. Julia muss also 3.040.000 Euro versteuern. Von welchem Geld? Julia bleibt in diesem Fall nichts anderes übrig, als die Halle zu verkaufen. **Die Altersversorgung ist weg.**

Im Fall von betrieblich genutzten Immobilien hängt die steuerliche Betrachtung entscheidend davon ab, wem diese Immobilie gehört. Wer bei Aufgabe oder Verkauf des Betriebs nicht die angesprochene, hohe Steuerlast tragen will, muss den Besitz daher trennen. Es bietet sich in solchen Situationen an, den operativen Betrieb in der GmbH durchzuführen und Immobilien als Privatbesitz zu führen. Allerdings ist das Finanzamt natürlich nicht blöd. Kann dieselbe Person über die GmbH des operativen Geschäfts entscheiden und gleichzeitig als Privatmann über die dazu notwendige Immobilie, wertet der Fiskus diese Konstruktion als sogenannte Betriebsaufspaltung und akzeptiert dies steuerlich nicht. Die Trennung muss daher unterschiedliche Eigentümer bedeuten. Die Lösung: Unternehmer überschreiben zumindest 50 Prozent der GmbH-Anteile auf Verwandte oder Partner und behalten die Immobilie. Ehepartner rechnet das Finanzamt übrigens nicht zusammen. Als Klassiker gilt die Trennung von Besitz und Betrieb in der Ehe. Der Ehemann besitzt beispielsweise die Firma, die Ehefrau ist Eigentümerin der Immobilie. Allerdings kann es aufgrund dieser Konstruktion zu Problemen im Fall einer Trennung der Eheleute kommen. Deshalb sollten die Partner bereits zu Beginn ihrer Ehe Vorkehrungen treffen.

Die Grunderwerbsteuer

Beim Kauf einer Immobilie fällt Grunderwerbsteuer an und deren Höhe bestimmen die Bundesländer. Bis vor einigen Jahren waren 3,5 Prozent üblich und bundesweit gültig. Nun können Immobilienbesitzer steuerlich gesehen das Land nicht so schnell verlassen (anders als etwa Aktienbesitzer), deshalb hat der Fiskus die Grunderwerbsteuer für sich entdeckt. Viele Bundesländer haben den Steuersatz daher auf 5 Prozent erhöht. So weit, so schlecht. Doch kommt es auch hier auf die Details an: Die Grunderwerbsteuer fällt nur an auf die Kosten der Immobilie selbst. Die meisten Immobilienkäufe umfassen jedoch bewegliches Zubehör. Denken Sie beispielsweise an die Einbauküche einer Wohnung oder den Rasenmäher bei einem größeren Gartengrundstück. Auf diese Beträge muss der Käufer keine Grunderwerbsteuer zahlen. Aus steuerlicher Sicht sollten Sie daher die mit verkauften

Gegenstände in den Kaufvertrag aufnehmen und einen angemessenen Preis dafür festlegen. Mit Hilfe dieser Aufteilung lässt sich Grunderwerbsteuer sparen! Dazu kommt aber noch ein weiterer Steuervorteil: Die Abschreibung auf die Immobilie beträgt nur 2 Prozent. Viele Einrichtungsgegenstände lassen sich jedoch wesentlich schneller abschreiben und damit reduzieren sie das zu versteuernde Einkommen. Kostet die gebrauchte Kücheneinrichtung beispielsweise 5.000 Euro, lässt sich diese mit 1.000 Euro jährlich über 5 Jahre hinweg abschreiben.

Tilgung von Immobilienkrediten

Im Kapitel über die Abschreibungen bei Immobilien haben wir bereits gesehen, dass sich die Tilgung eines Immobilienkredits steuerlich nicht nutzen lässt und trotzdem Geld kostet. Anders ausgedrückt: Das Geld für die Tilgung muss ich erst verdienen, dann versteuern und dann der Bank geben. Kein schönes Spiel! Im Hinblick auf meine Strategie sollten Sie daher erwägen, Kredite nicht zu tilgen, solange sich die Immobilie im Eigenbesitz befindet. Tilgungsfreie Kredite gibt es jedoch in Deutschland nicht, wir müssen uns deshalb mit einem Trick behelfen. Wir nehmen beim Kauf der Immobilie einen Kredit zu festen Konditionen auf zehn Jahre auf und vereinbaren ein endfälliges Darlehen. Der Darlehensbetrag wird also nach zehn Jahren in einer Summe an die Bank zurückgezahlt. Tatsächlich bezahlen werden wir nur, wenn wir die Immobilie verkaufen. Ist dies nicht der Fall, sorgen wir für eine Anschlussfinanzierung einer anderen Bank (oder bei der gleichen Bank). Nach jedem Zehnjahreszeitraum lässt sich erneut abschätzen, ob ein weiteres Halten oder der Verkauf der Immobilie finanziell günstiger kommt. Eine andere Möglichkeit ist es, den Immobilienkredit durch einen neuen Kredit bei der eigenen GmbH umzuschulden. Dann fallen zwar weiterhin Zinsen an, diese fließen jedoch nicht mehr an Banken oder Sparkassen, sondern an die eigene GmbH. Mir persönlich ist diese Lösung lieber, denn nach Abzug der Steuern bleibt das Geld unter meiner Kontrolle. Gehen die Zinsen an die Bank, sehe ich keinen Cent davon wieder.

Steuerlich als Katastrophe sind Annuitätendarlehen zu werten. Bei dieser Darlehensform erfolgt die Tilgung durch monatliche Raten. Die Raten bleiben während der gesamten Laufzeit des Darlehens auf derselben Höhe, obwohl der Zinsanteil durch die Tilgung sinkt. Wir erinnern uns: Nur der Zins ist steuerlich absetzbar, die Tilgung nicht. Die Tilgung muss der Kreditnehmer aus seinem bereits versteuerten Geld bezahlen und das kostet ihn bis zu 80 Prozent zusätzlich an Steuern, siehe unsere Rechnung auf Seite 42. Lassen Sie uns zur Verdeutlichung wieder ein Beispiel durchrechnen.

FALLBEISPIEL 8: JENNY

Jenny erwirbt eine Wohnung. Der Kaufpreis beträgt 300.000 Euro, die Kaufnebenkosten (wie Notar, Grunderwerbsteuer, Maklergebühren, Grundbuchkosten) betragen 40.000 Euro, die gesamten Anschaffungskosten also 340.000 Euro. Davon hat sie 40.000 Euro Eigenkapital. Die restlichen 300.000 Euro finanziert sie über die Bank. Anfangs bezahlt sie für ihren Kredit 4 Prozent Zinsen und 1 Prozent Tilgung.

Jennys Kosten nach Steuern: 4 Prozent (Zins) plus 1 Prozent (Tilgung) plus 0,8 Prozent (Einkommensteuer auf die Tilgung) ergeben zusammen 5,8 Prozent. Jenny bezahlt während der gesamten Laufzeit des Kredits konstant immer 1.250 Euro im Monat an die Bank. Davon macht der Zins anfänglich 1.000 Euro aus, 250 Euro fließen in die Tilgung. Auf diesen Tilgungsbetrag fallen zudem 200 Euro Einkommensteuer an. Jennys Aufwand für den Kredit beträgt nach Steuern also insgesamt 1.450 Euro pro Monat. Dieser Gesamtaufwand bleibt über die gesamte Kreditlaufzeit gleich, nur die Aufteilung verändert sich von Monat zu Monat; die Zinslast sinkt (wenn auch am Anfang nur in homöopathischen Dosen) und der Tilgungsanteil steigt stetig. Nach einigen Jahren zahlt Jenny 1 Prozent (Zins) plus 4 Prozent (Tilgung) plus 3,2 Prozent (Einkommensteuer auf die Tilgung). Insgesamt kommen damit 8,2 Prozent zusammen und über 50 Prozent mehr, als die Rate an ihre Bank beträgt.

In Zahlen: Die Steuer auf die Tilgung ist auf 800 Euro gestiegen und Jenny bezahlt monatlich nach Steuern 2.050 Euro.

Diese Situation hat schon einige Schuldner in den Ruin getrieben. Steuerlich lässt sich diese Rechnung verbessern, allerdings nur um den Preis einer relativ komplizierten Lösung. Diese kommt im Grunde einer Umschuldung gleich und bedeutet, den Tilgungsbetrag, der an die Bank fließt, gleichzeitig als Darlehen von der eigenen GmbH aufzunehmen und diese die Tilgung übernehmen zu lassen. Dies ist dann sinnvoll, wenn die Bank auf die laufende Tilgung des Immobiliendarlehens besteht. In diesen Fällen vereinbaren wir mit unserer GmbH einen Kredit, der nicht sofort ausgezahlt wird, sondern in kleinen Raten. Diese Raten müssen in derselben Höhe liegen, wie die Bank an Tilgung verlangt. Dieser Betrag wächst monatlich, weil bei den üblichen Annuitätendarlehen die ersparten Zinsen jeweils die Tilgung erhöhen. Am Ende der Kreditlaufzeit haben wir den gesamten Kredit von der Bank zur GmbH umgeschuldet – bei gleich bleibender Zinshöhe. Technisch gesehen wurde der Betrag zwischen Bank und GmbH gesplittet. Wird die Immobilie eines Tages verkauft, dann zahlen wir das Darlehen an die GmbH zurück. Doch Vorsicht: Um das beschrieben Procedere einwandfrei durchführen zu können, sind die entsprechenden Verträge erforderlich und deren Vorgaben müssen einwandfrei abgewickelt werden.

Beim Immobilienkauf hängt viel von der geplanten Anlagedauer ab. Kurzfristige Engagements rechnen sich eher in der GmbH, während sich langfristige Perspektiven eher privat lohnen. Doch gilt es, einen Immobilienkauf in vielerlei Hinsicht abzuwägen und insbesondere bei Betriebsvermögen warten einige Stolperfallen.

ABSCHNITT 3:

Wie Sie reich bleiben

Sicherheit für Ihr Vermögen auch über Generationen hinweg

WIE SIE REICH BLEIBEN

Absichern des Vermögens

Im letzten Abschnitt habe ich eine Strategie vorgestellt, wie sich mit Hilfe der Gründung einer Firmenstruktur die Grundlagen dazu legen lassen, ein Vermögen zu bilden und welche Anlageformen aus meiner Sicht eine hohe Rendite versprechen. Doch kann es uns nicht nur darum gehen, einmal „reich" zu werden. Vielmehr kommt es in entscheidendem Maße darauf an, das angesparte Vermögen gegen vielfältige Gefahren abzusichern. Schließlich wollen wir nachhaltig davon profitieren und wenn möglich auch etwas davon hinterlassen. Auch für diesen Zweck eignet sich eine Firmenstruktur deutlich besser, als es im Fall eines Privatvermögens der Fall wäre. Gehen wir also davon aus, der Vermögensaufbau war erfolgreich. Wir verfügen demnach über Wertpapiere, Immobilien oder andere Werte in bescheidenem, doch ausreichendem Maße, um von den Erträgen dieses Vermögens leben zu können. Nun liegen die Dinge aber so, dass unsere GmbH neben der Vermögensverwaltung noch einen anderen Zweck hat. Sie tätigt Geschäfte. Sie war ja ursprünglich dazu da, die beruflichen Fähigkeiten außerhalb einer abhängigen oder einzelunternehmerischen Struktur durchführen zu können. Die GmbH handelt, berät oder verkauft. Doch birgt jede geschäftliche Tätigkeit auch Risiken. Es kann durchaus geschehen, dass eine Fehlentscheidung oder unglückliche Zufälle dieses Geschäft zunichtemachen und im schlimmsten Fall ein haftungsrechtliches Problem erzeugen. Die GmbH steht in diesem Fall für alle Forderungen gerade und damit geraten auch die Werte dieser GmbH in Gefahr. Es geschieht zwar selten, aber jeder Unternehmer setzt die Existenz seiner Firma durch seine Entscheidungen aufs Spiel. Und da es unmöglich ist, jegliches Risiko zu 100 Prozent auszuschließen, sollten wir uns darauf konzentrieren, die Werte „in Sicherheit zu bringen". Wie es der Strategie dieses Buches entspricht, werde ich keinesfalls das Verschieben von Vermögen ins Ausland empfehlen oder gar illegale Tricks. All das ist nicht nötig, wenn man seine Firmenstruktur dementsprechend anpasst.

Schutz durch eine Holding

Der Schutz von Werten beispielsweise vor Insolvenzen des Kerngeschäfts lässt sich wiederum durch Trennung bewerkstelligen. Ganz ähnlich, wie wir Konsum und Vermögensaufbau getrennt haben, verfahren wir auch bei Geschäft und Vermögen. Ganz wichtig: Dieser Gedanke gehört bereits an den Beginn der Überlegungen. Wer meine Strategie umsetzen möchte, sollte die folgenden Schritte von Anfang an mitbedenken: Eine (oder mehrere) GmbH(s) dienen als berufliches Standbein. Mit diesen produzieren, handeln oder beraten wir und treten gegenüber unseren Kunden auf. Sie sind für das operative Geschäft zuständig und gehen damit auch eventuelle Risiken ein. Gegen die gängigen Risiken kann man sich versichern. Was aber, wenn die Versicherung nicht greift? Was geschieht, wenn ein nicht einkalkuliertes Risiko auftritt, wenn ein großer Kunde nicht zahlt und andere Kunden abspringen? Die Erfahrung lehrt, dass Geschäfte pleitegehen können. Soll das gesamte Vermögen, das über Jahre hinweg aufgebaut wurde, mit untergehen?

Selbstverständlich nicht! Deshalb gründen wir eine weitere Firma – eine sogenannte Holding. Was sich nach Weltkonzern anhört, ist nichts anderes als eine weitere GmbH. Die Struktur dieser Firmen gestalten wir so, dass die Holding alle Anteile der operativen GmbH(s) hält und deren Gewinne aus dem operativen Geschäft kassiert. Die operative GmbH gehört also der Holding. Die Gewinne der operativen GmbH werden an die Holding ausgeschüttet. Die Holding kauft zudem alle Vermögenswerte, also Aktien, Immobilien, Beteiligungen usw. Warum ist es so wichtig, diese Holdingstruktur bereits am Anfang zu etablieren? Ganz einfach, eine nachträgliche Verlagerung solcher Werte lässt sich nur unter Inkaufnahme steuerlicher Nachteile bewerkstelligen. Denn hier gelten dieselben Regeln, wie wir sie im Kapitel „Überführung von Vermögen in die GmbH" kennengelernt haben. Wer also operative Risiken eingeht – und das tut fast jedes Unternehmen –, Vermögenswerte aber trotzdem sicher anlegen will, kommt um die Holdingstruktur nicht herum. In der Öffentlichkeit kursiert deshalb auch der bezeichnende Name „Spardosen-GmbH".

„Eine Holding lässt sich auch als Spardosen-GmbH bezeichnen."

Kernaufgabe der Holding ist es, den eigenen Lebensstandard so zu finanzieren, wie wir es zuvor beschrieben haben. Damit stellt sie die eigene Unabhängigkeit sicher. Nochmals: In jedem Geschäft kann etwas schiefgehen, deshalb müssen wir das Operative vom Vermögen trennen. Scheitert also das operative Geschäft, lässt sich diese GmbH ohne Probleme und vor allem fast ohne Verluste in die Insolvenz führen. Hier muss nicht einmal die Stammeinlage von 25.000 Euro weg sein, da diese im Normalfall längst für das Geschäft ausgegeben wurde. So schafft die Holding Optionen für Situationen, in denen einzelne Geschäftsbereiche Probleme bereiten. Diese können sich zum Beispiel auch dadurch lösen lassen, eine GmbH aufzulösen – zum Beispiel wenn ein Geschäftsmodell überhaupt nicht mehr funktioniert. In einer solchen Situation empfiehlt es sich, die GmbH zu liquidieren und im Handelsregister zu löschen. Vergangene Gewinn bleiben davon völlig unberührt, schließlich sind diese längst in die Holding gewandert.

Unsere Holdingstruktur besitzt jedoch noch einen weiteren großen Vorteil: Wir bekommen wieder Spaß mit der Steuer. Der Grund dafür ist ganz einfach. Wie wir gelernt haben, fallen für Gewinnausschüttungen auch aus der GmbH

25 Prozent Abgeltungsteuer an. Der Fiskus nimmt uns also ein glattes Viertel. Den Gewinnfluss von der GmbH in die Holding wertet das Finanzamt jedoch genauso wie eine GmbH-interne Ausschüttung. Belastet werden lediglich 5 Prozent unserer Gewinne mit dem Körperschaftsteuersatz von 15 Prozent und gegebenenfalls mit Gewerbesteuer in derselben Höhe. Im Ergebnis kostet der Gewinnfluss von der operativ tätigen GmbH in die Holding damit die bekannten 1,4 Prozent. Die Steuer ist also zu vernachlässigen. Erst wenn die Holding diese Gewinne an Privatpersonen ausschüttet, schlagen die 25 Prozent Abgeltungsteuer zu Buche. Und wann schütten die GmbH oder die Holding den Gewinn an den Geschäftsführer aus? Im Idealfall nie. Ausnahmen gibt es nur dann, wenn der Konsum zu hoch ist und sich mit dem Gehalt nicht decken lässt. Das wird schnell der Fall sein, denn erfahrungsgemäß weckt ein ansehnliches Vermögen in der GmbH Begehrlichkeiten – beim Eigner selbst oder bei seinen Angehörigen.

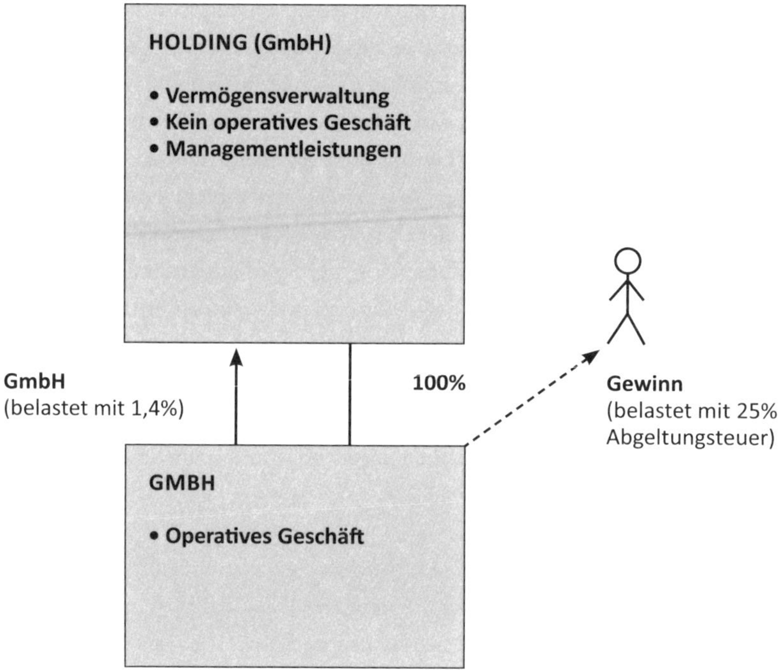

Steuern in der Holding

Wir sollten in diesem Abschnitt nochmals auf die Konsumausgaben zurückkommen, die wir ja bereits ausführlich dargestellt haben. Denn im Fall einer Holding gilt es, noch einen anderen Aspekt zu berücksichtigen. Grundsätzlich ist gegen hohe Konsumausgaben nichts einzuwenden, wenn sie sich aus den Erträgen der Holding finanzieren lassen. Die Rechnung dahinter sieht so aus: Hohe Konsumausgaben lassen sich erstens finanzieren, indem der persönliche Lohn nach oben geht. Diese Variante haben wir jedoch schon als unklug beschrieben, weil sie den Steuersatz möglicherweise über die Schwelle von 30 Prozent hebt. Bislang haben wir deshalb alles daran gesetzt, den Lohn entsprechend festzulegen. Zweitens können wir jedoch zusätzlich die Erträge dazu nutzen, Konsumausgaben zu decken. Und an diesem Punkt wird es steuerlich wieder interessant. Verfügen wir über ausreichend Vermögenswerte, wird uns sogar der Satz von 30 Prozent zu hoch. Denn ausreichende Werte ermöglichen es, den Konsum teilweise über Gewinnausschüttungen zu finanzieren. Und dafür fällt nicht der normale Einkommensteuersatz an, sondern es werden nur 60 Prozent versteuert, das sind bei 42 Prozent Einkommensteuersatz 25,2 Prozent (plus Solidaritätszuschlag)[15].

Der Lohn ist deshalb so festzusetzen, dass er mit höchstens 30 Prozent besteuert wird, aktuell entspricht das einem Jahreseinkommen von 30.000 Euro bei Alleinstehenden. Was darüber hinaus zum Leben erforderlich ist, schüttet sich der Holding-Eigner per Gewinnausschüttung aus. Die persönliche Steuerlast steigt mit Hilfe dieser Konstruktion also nicht über 30 Prozent und die Entscheidung über die optimale Aufteilung lässt sich jedes Jahr neu treffen.

Voraussetzung für dieses Vergehen ist allerdings, dass die Holdinggesellschaft steuerfreie Gewinne (zum Beispiel aus Aktiengeschäften) erzielt hat. Versteuert die GmbH die Gewinne zuerst und schüttet sie dann aus, ergibt sich eine ungünstigere Berechnung. Schauen wir uns den Worst Case an:

Gewinn der GmbH vor Steuern	**100.000 €**
KÖRPERSCHAFTSTEUER (15 %)	15.000 €
SOLIDARITÄTSZUSCHLAG (5,5 % davon)	750 €
GEWERBESTEUER (Hebesatz 450 %)	11.891 €
Verbleibender Gewinn der GmbH	**72.359 €**
Ausschüttung	**72.359 €**
EINKOMMENSTEUER (25,2 %)	18.235 €
SOLIDARITÄTSZUSCHLAG (5,5 % davon)	1.002 €
Verbleiben netto	**53.122 €**

Die gesamte Steuerbelastung hätte in diesem Fall 46.878 Euro betragen oder 46,9 Prozent. In diesem (ich gebe zu) extremen Fall wäre es günstiger gewesen, das Gehalt höher anzusetzen. Doch zeigt dieses Beispiel wieder sehr deutlich, dass die Planung und Abstimmung der einzelnen Stellgrößen als Schlüssel zur Steuerersparnis dienen.

„Auch die Erträge können Konsumausgaben decken."

In der Praxis hat sich gezeigt, dass die hier vorgestellte 30-Prozent-Strategie im Fall einer Holding eigentlich 15- oder 20-Prozent-Strategie heißen müsste – sofern es sich nicht um Millionenverdienste handelt. Doch habe ich den Titel absichtlich konservativ formuliert, um nicht unseriös zu klingen. Zudem sind die 30 Prozent in jedem Fall hieb- und stichfest, mehr kann es aufgrund der strukturellen Beschaffenheit unseres Steuerrechts nicht werden. Ebenso wichtig wie die nackten Zahlen ist aus meiner Sicht jedoch der Rollenwechsel. Ein Dasein als Opfer des Systems ist passé und an dessen Stelle tritt die Wahlfreiheit. Doch zurück zum Aufbau einer Holding mit den unterschiedlichen GmbHs für das jeweilige Geschäft. Diese Struktur eignet sich ausgezeichnet zur steuerlichen Optimierung.

Exkurs 13: Holdinggründung ohne Eigenkapital

Eine Holding besteht aus mindestens zwei GmbHs. Zur Gründung sind also zweimal 25.000 Euro erforderlich? Falsch. Schauen wir uns hierzu Maria an. Maria hatte eine tolle Geschäftsidee und darauf ein Patent angemeldet. Schon bald bekommt Sie ein Kaufangebot über 30.000 Euro für ihr Patent. Weil sie überzeugt davon ist, bald noch mehr verdienen zu können, möchte sie schnellstmöglich eine Holdingstruktur etablieren. Problem: Die Entwicklung war teuer und sie ist pleite. Zum Glück kann sie sich jedoch 25.000 Euro zinslos für drei Monate leihen.

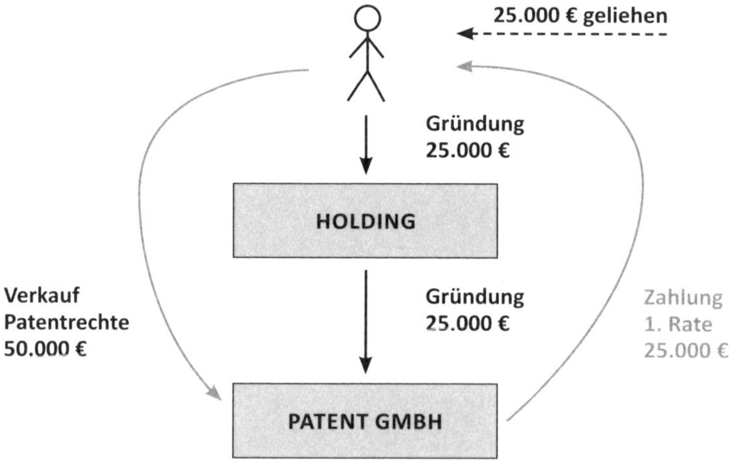

Die geliehenen 25.000 Euro fließen also zunächst in die Gründung der Holding, diese gründet mit diesen 25.000 Euro die Patent-GmbH. Maria verkauft dann ihre Patentrechte an die Patent-GmbH und diese begleicht unverzüglich die erste Rate des Kaufpreises in Höhe von 25.000 Euro. Maria kann also die geliehenen 25.000 Euro fristgerecht zurückzahlen.

Geschäfte sinnvoll aufteilen

Erfolgreiche Unternehmer transferieren ihre Gewinne immer in die Holding. Dabei lohnt sich der Gedanke, ob die operativen Geschäfte in einer GmbH bleiben sollen oder ob sie nicht besser aufzuteilen sind. Für die Teilung spricht beispielsweise, dass jede einzelne GmbH den Freibetrag von 24.500 Euro bei der Gewerbesteuer ausnutzen kann. Übrigens kann an allen GmbHs derselbe stille Gesellschafter beteiligt sein. Hier schlummern also zusätzliche Steuersparpotenziale. Zudem hat es sich als günstig erwiesen, unterschiedliche Geschäfte auch durch unterschiedliche operative GmbHs durchführen zu lassen. Diese Aufspaltung bringt erstens den Vorteil der begrenzten Haftung mit sich und ermöglicht es zweitens, diese Geschäfte auch einzeln liquidieren oder verkaufen zu können. Vielleicht erhalten wir eines Tages ein sehr gutes Angebot für einen Geschäftsbereich. Wenn dieser getrennt ist, können wir ihn ohne weiteres abstoßen und den großen Vorteil ausnutzen, den wir bereits beschrieben haben: Vereinnahmt die Holding den Veräußerungsgewinn, wertet der Fiskus diesen Geldfluss genauso wie eine Gewinnausschüttung innerhalb der operativen GmbH. Auf den Verkaufsgewinn fallen daher lediglich die bereits bekannten 1,4 Prozent Steuern an. Aus diesen Gründen empfehle ich auch jungen Leuten ohne größeres Vermögen, eine Holdingstruktur zu etablieren. Fehlt die Trennung bei einem Verkauf, greifen die Regeln, die wir im Kapitel „Die steuerliche Sicht des Verkäufers" kennengelernt haben. So lohnt es sich durchaus, die Holding unter Umständen 20 Jahre lang „durchzufüttern", auch wenn nur ein Geschäft besteht.

Wie wir im Kapitel zur GmbH-Gründung gelernt haben, lässt sich das Geschäftsjahr flexibel festlegen. Insbesondere in einer Holding-Konstruktion mit mehreren operativ tätigen GmbHs lassen sich damit erhebliche steuerliche Vorteile erzielen. Grundsätzlich gilt hier: Weicht das Geschäftsjahr vom Kalenderjahr ab, bleibt der Fiskus in punkto Steuer beim Kalenderjahr und lässt dem Steuerpflichtigen Zeit für seine Steuererklärung bis nach Ende des aktuellen Kalenderjahres. Die Firma gewinnt also Zeit und kann länger mit der noch nicht bezahlten Steuer arbeiten. Eine solche Verschiebung ergibt zum Beispiel Sinn, wenn die Kassen zu einer bestimmten Jahreszeit regelmäßig leer sind, weil große Investitionen anfallen. Kein Gewinn heißt dann niedrige Steuer. Ein anderes Geschäft mag saisonal gegenläufig schwanken und sich steuerlich mit einem entsprechend abweichenden Geschäftsjahr optimal veranlagen lassen. Die Verteilung muss man im Einzelfall prüfen. Doch auch hier zeigt sich wieder: das Steuerspiel bietet einen großen Gestaltungsspielraum. Welche Vorteile eine Holding noch mit sich bringt, zeigt das folgende Kapitel.

Konstruktion der Holding

Nehmen wir an, wir führen die operativen Tätigkeiten, mit denen wir Geld verdienen, mit drei verschiedenen GmbHs durch. Die Erste verkauft zum Beispiel Software, die Zweite bietet Consulting zu dieser Software an und die Dritte vermarktet Systeme von Partnern. Die Gewinne dieser Firmen schöpfen wir mit einer Holding ab, die auch als 100-Prozent-Eigner in allen drei Fällen fungiert. In der Regel fließt damit der komplette Gewinn aus den operativen Gesellschaften in die Holding und ist damit vor eventuellen, geschäftlichen Risiken sicher. Selbstverständlich muss nicht immer der komplette Gewinn abfließen, im Fall von Investitionsbedarf oder ähnlichem bleibt das nötige Geld in der operativ tätigen Firma. Doch alle Beträge, die nicht betriebsnotwendig sind, haben in den anderen Gesellschaften nichts mehr verloren. Somit kümmert sich die Holding nur um das Vermögen, die Trennung zum operativen Geschäft ist erfolgt. Selbstverständlich zählen die Beträge, die von den Töchtern abfließen, nicht als Gewinn der Holding. Das wäre widersinnig und hätte zur Folge, dass wir die bereits versteuerten Gewinne der einzelnen Geschäfte nochmals mit Körperschafts- und Gewerbesteuer versteuern müssten. Versteuern muss die Holding deshalb nur diejenigen Erträge, die sie ihrerseits aus dem Vermögen erwirtschaftet. Dafür gelten die Sätze, die ich im vorigen Kapitel genauer beschrieben habe – also etwa die 1,4 Prozent aus Dividendengewinnen.

Neben der Geldanlage sollten wir der Holding jedoch noch weitere Aufgaben übertragen. Der Grund: Steuerlich und organisatorisch optimal arbeitet diese Konstruktion, wenn der Eigner und Geschäftsführer sein Gehalt von der Holding bezieht. Ebenso sollte die Holding beispielsweise für alle Ausgaben für Firmenwagen, Telefon oder Sekretärin aufkommen. Sie erhält also einerseits die Gewinne aus dem operativen Geschäft ihrer Töchter und legt diese an, bezahlt aber andererseits den Geschäftsführer und bestreitet alle damit verbundenen Ausgaben. Mit diesem Prinzip gewährleisten wir, dass die Prozesse sehr schlank bleiben und möglichst wenig administrativen Aufwand erfordern. Zudem lassen sich damit Ausgaben in die Holding verlagern, die ihren Gewinn reduzieren. Denn selbstverständlich erfordern diese Tätigkeiten für die einzelnen GmbHs gewisse finanzielle Mittel. Wir setzen also eine sogenannte Geschäftsführer-Umlage oder Managementvergütung fest. Die einzelnen GmbHs bezahlen der Holding Geld, damit diese die Geschäfte führt. Die Höhe der jeweiligen Umlage richtet sich nach dem Anteil, den jede Firma zum Gewinn beiträgt.

Geschäftsführung einer Holding-Struktur

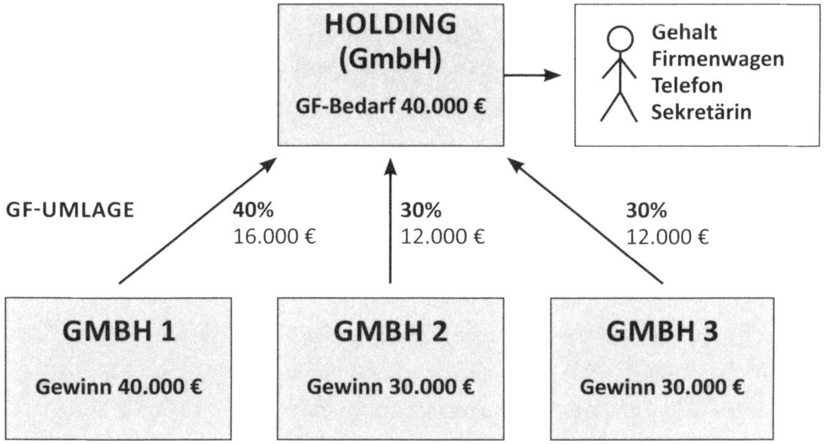

In diesem Beispiel sorgt GmbH 1 für 40 Prozent des Gewinns, die anderen beiden jeweils für 30 Prozent. Aus diesem Grund fallen auch die Umlagen für die Geschäftsführung entsprechend hoch aus. Die Holding verkauft also die Dienstleistung „Geschäftsführung" an ihre drei Tochterfirmen. Daher nennt man diese Art von Holdinggesellschaft, die nicht nur die Geschäftsanteile hält, sondern auch das Management stellt, eine Management Holding. Die Höhe der Vergütung richtet sich nach dem Bedarf des Geschäftsführers. So muss sie alle seine Ausgaben decken, also neben dem Lohn auch Dienstreisen und ähnliches. Diese Lösung sorgt für maximale Flexibilität und ermöglicht es, operative Geschäfte nach der bereits beschriebenen Methode zu veräußern oder zu beenden.

„Eine Geschäftsordnung sorgt für optimale Kontrolle."

Der (Mehrheits-)Gesellschafter muss jedoch nicht immer selbst als Geschäftsführer fungieren. Genauso gut ist es selbstverständlich möglich, dafür Mitarbeiter anzustellen. Oft ergibt es Sinn, für diesen Fall bereits im Gesellschaftsvertrag vorzusorgen. Denn ein angestellter Geschäftsführer soll die Interessen der Eigner bestmöglich wahrnehmen und gleichzeitig dürfen die erforderlichen Regeln keinen überflüssigen Aufwand produzieren. Für derartige Situationen lässt sich bereits im Gesellschaftsvertrag Vorsorge treffen. Nötig ist dafür beispielsweise der Satz: „Die Gesellschafter können für die Geschäftsführer eine Geschäftsordnung erlassen." Resultat: Ein (fremder) Geschäftsführer ist an diese Geschäftsordnung gebunden und die Vorgaben für sein Handeln lassen sich ohne notarielle Beurkundung innerhalb dieser Geschäftsordnung regeln. Eine solche Regelung spart im Ernstfall Zeit und Geld und sorgt für die nötige Kontrolle. Vorschreiben lässt sich damit beispielsweise, dass der Geschäftsführer alle Ausgaben über 1.000 Euro von den Gesellschaftern genehmigen lassen muss.

Beschäftigungsmöglichkeiten in der Holding

Bislang haben wir den Blick auf die Rolle des Geschäftsführers der Holding gerichtet. Damit sind jedoch längst nicht alle Möglichkeiten unserer Beschäftigung in der Firmenstruktur erschöpft. Möglich ist es beispielsweise, 450-Euro-Jobs in diese Konstruktion zu integrieren. Beschäftigen lassen sich damit beispielsweise Ehepartner oder Kinder, ein solcher Job ist jedoch auch zusätzlich für den Geschäftsführer denkbar. Geschäftsführer und gleichzeitig 450-Euro-Kraft? Das geht, wenn man die Klaviatur des Steuerrechts zu spielen weiß. Hier kommt wieder die Holding-Konstruktion zum Einsatz. Denn niemand hindert uns daran, beispielsweise bei der Holding als Geschäftsführer angestellt zu sein und darüber Gehalt zu beziehen und gleichzeitig bei einer der operativen Firmen als 450-Euro-Kraft zu arbeiten. Auf diese Weise lässt sich das eigene Gehalt steuerfrei erhöhen, da 450-Euro-Jobs steuerlich irrelevant sind. Eine solche Firmenstruktur ermöglicht es daher, mehr Geld für den Konsum abzuschöpfen und trotzdem innerhalb unserer 30-Prozent-Strategie zu bleiben. Auch in dieser Situation gilt also wieder: Wer Bescheid weiß, kann gestalten und die optimale Lösung für seine individuelle Situation entwickeln.

Verkauf einer GmbH

Wie wir bereits gesehen haben, lässt sich eine Firmenstruktur optimal den geschäftlichen Bedürfnissen anpassen. Ganz besonders gilt dies für Zeiten ohne aktive Beschäftigung, weil die operativen Geschäftsteile bereits vom Vermögen getrennt sind. In den meisten Fällen werden die Geschäftsführer ihre Holding auch in passiven Phasen weiter nutzen, um ihr Vermögen zu verwalten und um die eigene Versorgung zu bestreiten. Die operativ tätigen GmbHs hingegen lassen sich verkaufen, wenn die aktive Arbeit beendet sein soll. Damit ist gewährleistet – sofern gewünscht – dass man sich nicht mehr um das Tagesgeschäft kümmern muss. Welcher Preis sich beim Verkauf erzielen lässt, hängt selbstverständlich am jeweiligen Geschäft und soll hier keine Rolle spielen. Uns interessiert die steuerliche Betrachtung des Verkaufs. Je nach individueller Situation lassen sich auch hier unterschiedliche Wege beschreiten.

Asset Deal

Zunächst einmal ist es möglich, nur den Inhalt einer GmbH zu verkaufen. Diesen Weg nennt man Asset Deal – zum Verkauf kommen die Assets, also die Gesamtheit oder ein Teil der Güter einer GmbH. Die GmbH selbst, als juristische Person, bleibt im Besitz des Eigners. Wer beispielsweise mit Bekleidung handelt und ein Ladengeschäft besitzt, verkauft den Laden inklusive Inhalt, ebenso Kunden- und Lieferantenlisten oder ähnliches. Die Firma „Bekleidungs-GmbH“ verbleibt jedoch im Besitz des Verkäufers. Steuerlich gesehen handelt es sich bei den Assets um Betriebsvermögen.

Der Asset Deal wird zum wirklichen Wert der Vermögensgegenstände durchgeführt. Dadurch müssen die stillen Reserven (falls vorhanden) beim Unternehmer realisiert und versteuert werden. Die Regeln dafür haben wir bereits kennengelernt.

Share Deal

Anders als beim Asset Deal verkauft der Eigner beim Share Deal seine Anteile an der GmbH. Der Käufer übernimmt also nicht nur das Ladengeschäft aus dem obigen Beispiel, sondern das komplette Konstrukt GmbH, das selbstverständlich das genannte Geschäft beinhaltet. Wie ist der Share Deal steuerlich zu betrachten? Als Gründungskosten kommen zum Beispiel 30.000 Euro zusammen, also die Stammeinlage plus diverse Gründungskosten. Nach Jahren der erfolgreichen Geschäftstätigkeit verkaufen wir die GmbH bei Eintritt ins Rentenalter für eine Million Euro.

Vorteilsrechnung Share Deal in einer Holding

Verkaufspreis der Tochterfirma	**1.000.000 €**
BUCHWERT	30.000 €
GEWINN	970.000 €
5 % NICHTABZUGSFÄHIGE BETRIEBSAUSGABEN	48.500 €
KÖRPERSCHAFTSTEUER (15 %)	7.275 €
SOLIDARITÄTSZUSCHLAG (5,5 % davon)	400 €
GEWERBESTEUER (Hebesatz 400 %)	3.360 €
Gesamtsteuerbelastung	**11.035 €**
DAS SIND 1,1 PROZENT VON DER MILLION €	

An diesem Beispiel zeigt sich, wie weitsichtig die Holding-Struktur war: Als Gewinn aus diesem Verkauf fallen demnach 970.000 Euro an. Da die Holding Besitzerin der GmbH ist, muss diese das Geld versteuern. Auch in diesem Fall gelten wieder die altbekannten Regeln, wonach 5 Prozent des Veräußerungsgewinns steuerlich zählen, in unserem Beispiel 48.500 Euro. Nur dieser Betrag ist mit den üblichen Körperschafts- und Gewerbesteuern von etwa 30 Prozent zu versteuern. Ergebnis ist eine Steuerlast von zirka 11.000 Euro, es bleiben also rund 989.000 Euro nach Steuern übrig! Zum Vergleich wollen wir uns noch kurz die Situation im Fall eines Einzelunternehmens anschauen: Dieser hätte wegen der Höhe des Gewinns keinen Freibetrag und müsste den gesamten Gewinn in Höhe von 970.000 Euro versteuern. Ihm wird zwar, wenn er über 55 Jahre alt ist, einmal im Leben ein reduzierter Steuersatz gewährt. Aber selbst dann sind mehr als 250.000 Euro an das Finanzamt zu überweisen. Dieses Geld stünde nun nicht mehr für die Schaffung von Einnahmen zur Verfügung. Die Holdingstruktur sorgt also für einen gewaltigen Unterschied! Sollte sie also 20 Jahre lang überflüssig gewesen sein und jedes Jahr 1.000 Euro Mehrkosten verursacht haben, beim Verkauf lassen sich diese mehr als ausgleichen.

Vermögen lässt sich effektiv mit Hilfe einer Holding-Struktur gegen Gefahren der operativen Tätigkeit absichern. Dabei fließen alle Gewinne aus dem operativen Geschäft in die Holding. Zudem bietet eine Holding die Möglichkeit, Geschäfte sinnvoll aufzuteilen und bei Bedarf zu verkaufen. Der große Vorteil dabei: Es fällt nur eine sehr geringe Steuerbelastung an.

Richtig Vererben

Wie wir schon gesehen haben, dient die GmbH auch als Alterssicherung bis zum eigenen Tod. Das Modell in diesem Buch ist damit jedoch noch lange nicht zu Ende. Meine Strategie geht davon aus, dass die Firma „ewig" weiterläuft und damit auch den Erben zugutekommt. Eine GmbH zu vererben ist aus steuerlicher Sicht sehr interessant, weil Unternehmen erbschaftsteuerrechtlich besser gestellt sind als Privatvermögen. So bleiben Unternehmen von der Erbschaftsteuer verschont, wenn sie von den Erben innerhalb bestimmter Fristen weitergeführt werden. Der Fiskus sieht hier Zeiträume von sieben bis zehn Jahren vor. Diese Regel lässt sich für die hier vorgestellte Strategie nutzen, um größere Vermögen steuerfrei zu vererben. Denn unser Prinzip ist es ja, Werte nicht aus der GmbH herauszunehmen, sondern sie darin zu belassen. Deshalb ergibt es auch Sinn, zum Beispiel ein Wertpapierdepot in der Firma zu führen. Diese Vergünstigung gilt jedoch nur für Betriebsvermögen. Es funktioniert daher nicht, Vermögen kurz vor dem Erbfall in die Firma zu verlagern. Dieses Geld wertet der Fiskus als sogenanntes Verwaltungsvermögen und begünstigt das Vererben nicht. Anerkannt wird nur das betriebsnotwendige Vermögen beziehungsweise das, was die Firma an Erträgen erwirtschaftet und an Rückstellungen gebildet hat. GmbH-Eigner sollten also großen Wert auf eine langfristig ausgelegte Finanzstrategie legen und weit über die nächsten fünf Jahre hinausdenken. Die hier beschriebenen steuerlichen Möglichkeiten eröffnen sich nur dem, der plant. Doch zurück zur Vererbung. Wer derartig langfristig denkt und damit Werte ansammelt, kann steuerfrei vererben, wenn die Erben die GmbH behalten. Erforderlich ist es in diesem Fall, die Erben auf ihre Rolle vorzubereiten und ihnen die steuerliche Strategie zu verdeutlichen. Gerade in punkto Vererben gelten jedoch derart viele Regelungen und Sonderfälle, dass eine fachliche Beratung absolut notwendig ist. Wer das Thema ignoriert, fällt leicht auf die Nase.

Zum Beispiel baut das Erbschaftsteuergesetz zahlreiche Stolperfallen im Fall privater Erbschaften auf. Allerdings lassen sich diese bei frühzeitiger und vernünftiger Planung in der Regel umgehen. Die Presse geht oft sogar so weit, Erbschaftsteuer als „Dummensteuer" zu bezeichnen. Und in der Tat betrifft sie nur diejenigen, die es im Vorfeld versäumen, eine funktionierende Strategie für die Erbschaft zu entwickeln. Die Möglichkeiten sind durchaus vorhanden, denn es gelten für das Vererben in der Familie sehr große Freibeträge. Werte lassen sich daher in diesem Rahmen sehr gut übertragen. Allerdings sollte sich die Familie früh genug beraten lassen. Früh genug heißt, solange der Erblasser noch nicht verstorben ist. Nach dem Tod bestehen meist nur noch wenige Möglichkeiten für eine steuerlich optimale Gestaltung einer Erbschaft. So bestehen zwar oft Bewertungsspielräume und es ist mitunter möglich, das Erbe auszuschlagen, jemanden in einer günstigeren Steuerklasse zu begünstigen und sich dafür eine Entschädigung zahlen zu lassen. Im Vergleich zu manch einer Steuerforderung lassen sich diese Spielräume jedoch nur als Peanuts bezeichnen. Wie fatal sich fehlende Planung auswirken kann, zeigen Beispiele aus der Praxis.

FALLBEISPIEL 9: ANTON UND GERDA

Anton ist 87 Jahre alt und lebt mit Gerda seit 45 Jahren glücklich im eigenen Haus. Beide vertrauen einander blind und Anton hat Gerda für alle seine Konten Vollmachten erteilt. Gerda führt seit Jahren den Haushalt, berufstätig war sie in dieser Zeit nicht mehr. Plötzlich stirbt Anton nach kurzer, schwerer Krankheit. Zum Glück – denkt Gerda – nennt Anton sie im Testament als Alleinerbin. Gerda sucht einen Steuerberater auf und dieser verschafft sich einen Überblick über das vorhandene Vermögen:

Barvermögen	**200.000 €**
(als Tagesgeld bei der Sparkasse)	
Wert des selbst bewohnten Hauses	**600.000 €**
Wert eines vermieteten Hauses	**220.000 €**

Kein Problem, denkt der Steuerberater. Mit den Freibeträgen für Ehegatten und dem Freibetrag für die selbstgenutzte Wohnung sowie dem Zugewinnausgleich kommen wir gerade so um eine Erbschaftsteuerzahlung herum. Da hakt Gerda ein: Verheiratet sind sie nicht, da wäre doch die kleine Rente weggefallen, die Gerda von ihrem ersten Mann als Witwenrente kassiert.

Der Steuerberater fällt fast in Ohnmacht. Gerda und Anton gelten erbschaftsteuerlich als Fremde, der Freibetrag beträgt nur 20.000 Euro. Die Erbschaftsteuer auf 1.000.000 Euro beträgt bei Fremden 30 Prozent oder 300.000 Euro. Gerda kann mit den Barmitteln nicht einmal die Erbschaftsteuer bezahlen. Da sie auf die Einnahmen aus der vermieteten Immobilie angewiesen ist, muss sie das selbst bewohnte Haus verkaufen und sich eine neue Bleibe suchen – in ihrem Alter!

Dieses Beispiel zeigt, dass die entsprechenden Schritte zu Lebzeiten des Erblassers erfolgen müssen. Dazu sind mehrere Wege denkbar. Vorschlag eins heißt Heiraten. Das geht auch in letzter Sekunde, besser aber schon früher. So ist selbstgenutzter Wohnraum unter bestimmten Voraussetzungen komplett steuerbefreit, selbst wenn es sich um eine millionenschwere Villa handelt. Barmittel lassen sich an Ehegatten und Lebenspartner bis zu einer Höhe von 500.000 Euro steuerfrei vererben, an Kinder oder Stiefkinder bis zu 400.000 Euro[16]. Zusätzlich können Ehegatten einen Versorgungsfreibetrag in Höhe von 256.000 Euro geltend machen. Bei Anton und Gerda wäre also gar keine Erbschaftsteuer angefallen. Wer nicht heiraten will oder kann, sollte Vorschlag zwei in Erwägung ziehen und die Gelder auf Gemeinschaftskonten deponieren. Dann gilt die Vermutung, dass das Geld beiden je zur Hälfte gehört. Dies hätte die Erbschaft im obigen Fallbeispiel um 100.000 Euro reduziert und die Erbschaftsteuer um 30.000 Euro. Ausgereicht hätte jedoch auch diese Strategie nicht. Vorschlag drei lautet, die Tagesgeldkonten abzuräumen. Die Bank ist gesetzlich verpflichtet, den Kontostand am Todestag an das Finanzamt zu melden. Was drei Tage zuvor vorhanden war, meldet sie dagegen nicht. Anton und Gerda beispielsweise hatten zu Lebzeiten vereinbart, dass Gerda für ihre Tätigkeit im Haushalt eine Vergütung erhalten soll, sei es auch nur ein Taschengeld. Hat sie aber nie. Kurz vor Antons Tod wäre die Zeit da gewesen. Auch am Thema Erbschaftsteuer lässt sich damit wieder das Kernthema dieses Buches verdeutlichen: Wir müssen uns selbst um unsere Steuer kümmern und dürfen nicht warten, bis das Finanzamt die Hand aufhält. Nicht umsonst lautet der Titel dieses Buches „Steuern steuern".

Die Güterstandschaukel

Im vorigen Kapitel haben wir gesehen, dass Erbschaften in der Familie mit sehr hohen Freibeträgen versehen sind. Doch besitzen viele Menschen weitaus mehr und müssen den Rest versteuern. Oder? Nein, natürlich lässt unser Steuerrecht auch für diese Klientel die nötigen Schlupflöcher. Das Wichtigste heißt im Fachjargon Güterstandschaukel und reduziert die Erbschaftsteuer durch eine gleichmäßige Verteilung des Vermögens zu Lebzeiten. Die Eheleute wechseln durch einen neu abgeschlossenen Ehevertrag vom gesetzlichen Güterstand der

Zugewinngemeinschaft in den Güterstand der Gütertrennung. In diesem Moment entsteht ein Anspruch auf den Ausgleich des Zugewinns. Bei der Erfüllung dieses Anspruchs fällt keine Erbschafts- oder Schenkungsteuer an. Das Vermögen lässt sich also vom „reicheren" Ehegatten an den „ärmeren" umbuchen, ohne dass der Fiskus sich einmischt. Anschließend können die Eheleute wieder zurück in den Güterstand der Zugewinngemeinschaft wechseln. Diese Vorgehensweise ist von den Finanzgerichten prinzipiell anerkannt. Als weiteren Vorteil dieses Vorgehens lassen sich hohe Pflichtteilsansprüche reduzieren.

Die Güterstandschaukel funktioniert in der Praxis folgendermaßen: Verfügt beispielsweise ein Unternehmer über vier Millionen Euro, reichen die Freibeträge selbstverständlich nicht, um seiner Frau das Geld steuerfrei zu vererben. Der Unternehmer setzt deshalb beim Notar einen Ehevertrag auf und hebt den gesetzlichen Güterstand der Zugewinngemeinschaft auf. Denn Standard ist die Gütertrennung bis zum Ende der Ehe mit dem Anspruch auf Zugewinnausgleich bei Beendigung der Ehe. Die Aufhebung des Güterstandes gilt nun steuerlich wie eine Beendigung der Ehe und somit stehen der Frau unverzüglich zwei Millionen des Vermögens ihres Mannes zu[17]. Diese Übertragung erfolgt nun ohne Schenkungsteuer. Jetzt verfügt also jeder der beiden Ehepartner über zwei Millionen Euro. Gleich darauf können die beiden jedoch wieder zum Notar gehen und den ursprünglichen Güterstand wieder herstellen. Unter dem Strich wurden also zwei Millionen Euro an Vermögen übertragen, ohne dass auch nur ein Cent Erbschaftsteuer angefallen ist. Bei einer Schenkung oder im späteren Todesfall eines Ehegatten können die kompletten Freibeträge angesetzt werden.

> ***Die Zahlung von Erbschaftsteuer ist weitgehend vermeidbar, wenn Erblasser und Erben vor dem Todesfall die richtigen Entscheidungen treffen. Das gilt ganz besonders für kleinere und mittlere Vermögen sowie bei Ehegatten. Eine Kapitalgesellschaft ermöglicht es sogar, große Vermögenswerte fast steuerfrei zu vererben.***

Die Stiftung

Wenn es um den Schutz von Vermögen geht, stehen auch Stiftungen immer wieder im Mittelpunkt vieler Überlegungen. Dabei eignet sich diese Gesellschaftsform beileibe nicht nur für die Größenordnungen der Aldis, Oetkers oder Reemtsmas. Wer einen bestimmten Zweck verfolgt, dem bietet diese Gesellschaftsform auch bei einem Vermögen von 100.000 Euro bereits vielfältige Möglichkeiten. Aus meiner Sicht spielt der Schutz von Vermögen sogar nur eine untergeordnete Rolle beim Aufbau einer Stiftung. Wie wir ja bereits gesehen haben, existieren dazu auch andere wirksame und weniger aufwändige Mittel. Viel eher hängt der Nutzen einer Stiftung von den Absichten des Stifters ab. So entscheiden meines Erachtens nach zwei ganz andere Fragen über die Einrichtung der Stiftung:

- **Wie schütze ich meine Erben vor meinem Vermögen?**
- **Wie schütze ich mein Vermögen vor meinen Erben?**

Beide Fragen mögen zunächst ketzerisch klingen, doch zeigt die tägliche Beratungspraxis immer wieder, welche familiären Schwierigkeiten Erbfälle auslösen können. Wie lässt sich ein Unternehmen optimal auf die nächste Generation übertragen? Wie lässt sich vermeiden, dass die Erben mühsam erarbeitete Werte entgegen den Absichten des Erblassers einsetzen? Wie lassen sich Streitigkeiten bei Pflichtteilsansprüchen vermeiden? Erfahrungsgemäß beschäftigen derartige Fragen Unternehmensgründer und andere Schöpfer von Werten sehr stark. Sie wollen möglichst zu Lebzeiten entscheiden, was mit dem Vermögen nach ihrem Tod geschieht. Ganz besonders gilt das, wenn es sich um das Lebenswerk eines Menschen handelt und beispielsweise eine sehr persönliche Bindung zu einem Unternehmen und seinen Beschäftigten besteht. In solchen Fällen bietet eine gemeinnützige Stiftung optimale Grundlagen dafür, um einerseits Werte „in Sicherheit“ zu bringen und andererseits auch die Ansprüche von Gesellschaft und Erben wirkungsvoll zu berücksichtigen. Zu diesen beiden Punkten kommt noch der Vermögensschutz, der sich mit Hilfe einer Stiftung etablieren lässt. Sicher sind die Werte vor Haftung, vor Sozialversicherungsansprüchen, vor Gläubigern (allerdings nicht vor gegenwärtigen) und vor Pflichtteilsansprüchen.

„Mit Hilfe einer Stiftung lässt sich zu Lebzeiten entscheiden, was nach dem Tod mit dem Vermögen geschieht.“

Doch wie und wann sollte Vermögen in eine Stiftung wandern? Meine Empfehlung lautet, nie sein ganzes Vermögen in eine Stiftung einzubringen, sondern nur denjenigen Teil, der zu Lebzeiten garantiert nicht benötigt wird. Geht es nur um die eigene Versorgung und den Vermögensaufbau für eigene Zwecke, reichen die beschriebenen Möglichkeiten der Kapitalgesellschaft im Regelfall aus. Bei einer Stiftung dagegen lassen sich Vermögensfragen über den eigenen Tod hinaus im eigenen Sinne regeln. Denn wo sich in einem Testament immer die Ansprüche bestimmter Personen wie von Kindern oder Ehegatten wiederfinden müssen, ist der Stifter völlig frei in seiner Entscheidung. Das Stiftungsgesetz gibt hier zwar Rahmenbedingungen vor, wie wir noch sehen werden, doch bieten diese ausreichend Freiraum für die Vorstellungen des Stifters.

Verantwortlich für diese Freiheit ist folgender Grundsatz: Eine Stiftung gilt als eigene juristische Person. Folglich gehört das Vermögen nicht mehr der Person – also dem Stifter – sondern der Stiftung. Und wem gehört die Stiftung? Sie gehört sich selbst. Anders als bei einer GmbH existieren keine Gesellschafter, die über die Geschäfte entscheiden. Deshalb kann eine Stiftung auch nicht verkauft oder aufgelöst werden. Dann sind Geld oder Unternehmen also weg, wenn wir alles in die Stiftung transferieren? Wie bei meiner Strategie üblich, geht es mir auch hier mehr um die Kontrolle als um den unmittelbaren Besitz. So liegt die Entscheidung über die Aufgaben und die Geschäfte der Stiftung beim Stifter. Er muss in der Satzung bestimmen, ob er selbst, ein Stiftungsrat oder ein Stiftungspräsident die Stiftung leitet. Im Sinne meiner Strategie kann das zum Gründungszeitpunkt nur der Stifter selbst sein, er legt Zweck und Aufgaben fest.

Aus steuerlichen Gründen ist zu empfehlen, eine gemeinnützige Stiftung zu gründen. Der Grund: Gemeinnützige, mildtätige oder kirchliche Stiftungen sind von den meisten Steuern befreit. Was als gemeinnützig anerkannt wird, lässt sich in der Abgabenordnung nachlesen[18]. Diese bietet unzählige Tätigkeitsfelder an, etwa Bildung, Natur- oder Denkmalschutz oder Völkerverständigung. Welchen Zweck die Stiftung verfolgt, darf der Stifter nach diesen Maßgaben frei entscheiden. Allerdings: Wurde der Zweck einmal festgelegt, dann lässt sich dieser nicht mehr ändern, auch wenn der Stifter nach zehn Jahren seine Meinung ändert. Ähnliches gilt für die vom Stifter eingebrachten Werte. Ist das Stiftungskapital etwa in Form von Bargeld, einem Unternehmen oder Immobilien eingebracht, kann der Stifter nicht mehr frei darüber entscheiden. Das Stiftungsgesetz gibt sehr konkrete Vorgaben dafür, wie das Vermögen zu verwenden ist. Zunächst einmal bestimmt es, dass der Kapitalstock nicht angegriffen werden darf. Hat der Stifter also beispielsweise 100.000 Euro eingebracht, ist dieser Betrag in der Stiftung „gefangen".

In der Satzung darf er bei Gründung lediglich regeln, wie die Erträge zu verwenden sind. Dazu sieht der Gesetzgeber drei Töpfe vor. Verwendung finden müssen die Erträge erstens für den Zweck der Stiftung, also etwa für Bildungsaufgaben. Hier hinein dürfen sogar die gesamten Erträge fließen, die beiden anderen Verwendungsmöglichkeiten sind optional. Ich empfehle jedoch, auch die anderen Töpfe zu nutzen. So darf ein Drittel thesauriert werden, in die Stärkung des Vermögens fließen. Wie diese Thesaurierung erfolgt, liegt in der Hoheit des Stiftungsgründers. Er kann festlegen, ob die Stiftung beispielsweise Aktien kauft oder Immobilien. Der dritte Topf darf ebenfalls höchstens ein Drittel der Erträge erhalten und für den Unterhalt des Stifters und seiner Familie bestimmt sein. Der Staat bietet diese Möglichkeit vor allem deshalb, damit niemand sein Vermögen komplett in eine Stiftung einbringt und damit vor Zugriffen des Staates schützt und dann Sozialleistungen beantragt, weil er kein Geld verdient. Die Stiftung muss dazu in der Lage sein, für den Lebensunterhalt des Stifters zu sorgen. Über die korrekte Aufteilung der drei Töpfe wacht die Stiftungsaufsicht.

FALLBEISPIEL 10: EGON

Egon hat seinen großen Immobilienbesitz in eine Stiftung eingebracht und als gemeinnützigen Zweck die Völkerverständigung gewählt. Mit den Erträgen schickt die Stiftung jedes Jahr zehn Jugendliche für drei Monate nach Lateinamerika. Bald darauf meldet sich die Stiftungsauskunft bei Egon mit der Frage, ob sich unter den Teilnehmern seine eigenen Kinder befinden. Denn selbstverständlich darf die gemeinnützige Stiftung nicht den primären Zweck haben, als Reisebüro für die eigenen Kinder zu fungieren. Egon muss also penibel darauf achten, den Zweck der Stiftung nicht mit Eigennutz zu verwechseln.

Doch zurück zu den Gründen für die Einrichtung einer Stiftung. Wer beispielsweise sein Unternehmen in eine Stiftung einbringt, stellt damit sicher, dass dieses auch nach seinem Tod als Ganzes erhalten bleibt. Die Erfahrung zeigt, dass gerade Unternehmensanteile viele Erben überfordern und unterschiedliche Ansichten über die weitere Geschäftspolitik Familien entzweien und Unternehmen zerstören können. Für die Erben hat diese Konstruktion deshalb den Vorteil, dass sie keine Verantwortung übernehmen müssen und kein Streit untereinander entsteht. Dabei müssen sie keineswegs leer ausgehen, je nach den Vorgaben der Satzung erhalten sie jedes Jahr Schecks, in denen ein Drittel der Erträge ausgeschüttet wird.

„Die Erträge der Stiftung können auch dem Stifter und seinen Erben zugutekommen."

Doch lässt sich mit Hilfe von gemeinnützigen Stiftungen selbstverständlich nicht nur die Verwendung von Vermögen über den eigenen Tod hinaus regeln. Vielmehr wirken sie zudem steuerlich ausgesprochen vorteilhaft. Bereits kennengelernt haben wir die Möglichkeit, Immobilien einzubringen und damit Abschreibungspotenziale zu heben. Darüber hinaus lassen sich Zuwendungen an eine gemeinnützige Stiftung bis zu einer Höhe von einer Million Euro (zwei Millionen bei Verheirateten) steuerlich absetzen. Dieser Betrag lässt sich beliebig über zehn Jahre verteilen. Auch hier ist also die entsprechende Planung nötig. Praktisch heißt dies: Wer etwa eine Firma im Wert von einer Million Euro in eine gemeinnützige Stiftung einbringt, erhält vom Finanzamt einen Stiftungsvortrag – quasi einen „Gutschein" – über steuerfreie Einkünfte in Höhe von einer Million Euro. Dieser Gutschein lässt sich beliebig verteilt über zehn Jahre nutzen. Wer sonst mit dem Höchststeuersatz veranlagt wird, erhält dadurch 45 Prozent des Stiftungskapitals cash in seine Kasse zurück. Wer an die von ihm gegründete Stiftung spendet, kann dabei selbst angeben, ob diese Spende dem festgelegten Zweck dienen oder in den Kapitalstock fließen soll.

Steuerlich gelten dabei zwei unterschiedliche Regelungen. Wandert das Geld in den Zweck, kann der Spender den Betrag sofort voll absetzen. Ist das Geld dagegen für den Kapitalstock bestimmt, gilt das als Zuwendung und es greift das oben erläuterte Prinzip der Absetzbarkeit über zehn Jahre.

Im einführenden Abschnitt des Themas hatte ich angedeutet, dass sich Stiftungen durchaus auch für durchschnittlich vermögende Personen anbieten. Lassen Sie uns dazu vergleichen, wie sich die Anlage von 100.000 Euro für eine Privatperson und Zuwendungen in gleicher Höhe an eine Stiftung steuerlich auswirken. Nehmen wir an, wir erzielen eine Rendite auf unser Kapital von zehn Prozent und wählen die oben skizzierte Möglichkeit der Stiftung, die Erträge zu jeweils einem Drittel in die drei Töpfe zu füllen.

PERSON		**STIFTUNG**
100.000 €	Betrag	100.000 €
10.000 €	Rendite (10 %)	10.000 €
≈ 4.000 €	Steuern	–
6.000 €	Ergebnis	
3.333 €	Thesaurieren	3.333 €
–	Zweck	3.334 €
2.667 €	**NETTOBETRAG**	**3.333 €**

Es zeigt sich also, dass von den erzielten Erträgen in einer Stiftung mehr übrig bleibt als bei den Erträgen einer Privatperson – und das, obwohl ein Drittel der Erträge an einen gemeinnützigen Zweck fließt. Zudem lässt sich die Zuwendung in Höhe von 100.000 Euro an die Stiftung steuerlich absetzen. In vielen Fällen liegt der Betrag, der für den Stiftungszweck fällig wird, unter den Forderungen, die normalerweise das Finanzamt stellen würde. Zudem gilt wieder mein Grundsatz, dass ich hier selbst über die Verwendung des Geldes entscheiden und den gemeinnützigen Zweck selbst bestimmen kann. Was der Fiskus mit den Steuern anstellt, lässt sich dagegen kaum beeinflussen.

Abschließend noch ein Wort zur Gründung einer Stiftung: In der Öffentlichkeit heißt es immer wieder, Stiftungsgründungen seien sehr kompliziert und sehr teuer. Das stimmt jedoch nur sehr bedingt, denn der Gesetzgeber hat das Stiftungsrecht in den letzten Jahren stark vereinfacht und so ist der Aufwand deutlich geringer geworden. Über den Daumen lässt sich daher sagen, dass eine eigene Stiftung bereits ab einem Vermögen von 100.000 Euro Sinn ergeben kann. Ganz klar gilt jedoch, dass mehr Kapital besser ist. Darüber hinaus kann sich jeder auch mit sehr wenig Geld an einer Stiftung beteiligen und Geld in den Kapitalstock einer bestehenden Stiftung einzahlen. Zu nennen wären hier etwa Bürgerstiftungen. Steuerlich gelten die beschriebenen Regelungen für Zuwendungen.

Eine Stiftung gestattet es, das eigene Vermögen über den eigenen Tod hinaus abzusichern und somit Lebenswerke zu erhalten. Zudem kann sie dazu dienen, mögliche Streitigkeiten zwischen den Erben zu verhindern. In steuerlicher Hinsicht sorgt eine Stiftung dafür, auch große Vermögen optimal verwalten zu können.

Die Umsetzung der Strategie

Was hier im Buch plausibel klingt, funktioniert auch in Wirklichkeit. Alle Vorschläge sind vielfach getestet und vom Finanzamt akzeptiert. Dennoch genügt es kaum, die beschriebenen Möglichkeiten zu kennen. Die vorgestellte Strategie tatsächlich umzusetzen erfordert eine Menge Erfahrung. Als Leser sollten Sie daher unbedingt fachkundige Beratung in Anspruch nehmen, wenn Sie Ihren Vermögensaufbau in der beschriebenen Weise umsetzen möchten. Wer die nötigen Schritte nicht beherrscht, macht Fehler und im Ergebnis funktioniert die Gesamtkonstruktion nicht. Der Teufel steckt wie so oft im Detail und eine formale Kleinigkeit führt schnell zu einer Nachzahlungsforderung in beträchtlicher Höhe.

Deshalb sollte die Umsetzung meiner Strategie schrittweise erfolgen. Zunächst kommt niemand um die Bewertung des Status Quo herum, dazu sind beispielsweise Gewinnermittlung, die Einnahmen-/Überschussrechnung und die aktuellen Zahlen von Ihrem Steuerberater nötig. Erforderlich ist zudem eine kurze Beschreibung Ihrer Planungen für die Zukunft. Erst auf dieser Grundlage lässt sich die individuelle Umsetzung der beschriebenen Strategie erarbeiten und eine Beispielrechnung erbringt Klarheit über die mögliche Ersparnis. Sie zeigt zudem detailliert, welche steuerlichen Möglichkeiten im Einzelfall vorhanden sind. Damit sind die Vorbereitungen abgeschlossen und die Gründung kann erfolgen. Zu diesem Zeitpunkt lässt sich dann beispielsweise entscheiden, ob Sie eine GmbH, eine Holding, eine Stiftung oder eine KG plus einer GmbH gründen sollten.

Unterstützung ist jedoch auch während des Gründungsprozesses entscheidend, niemand sollte diesen Weg alleine gehen. Es wäre viel zu gefährlich, denn alle Haftungs- und Steuervorteile sind ausschließlich dann erzielbar, wenn den Beteiligten bei der Gründung keine Fehler unterlaufen. Es müssen beispielsweise die Verträge korrekt ausgearbeitet sein und die Gesamtkonstruktion muss stimmen. Sind die Gesellschaften unter Dach und Fach sowie die Strategie implementiert, erst dann können die Gründer weitermarschieren. Noch ein Wort zu dieser Beratung: Mir geht es keineswegs darum, Ihnen einen (meinen) bestimmten Weg aufzuschwatzen. Unter Beratung verstehe ich vielmehr, Perspektiven aufzuzeigen, die Ihrer persönlichen Situation gerecht werden. Vergleichbar ist diese Beratung mit einem Bergführer. Dieser kennt die Strecke aus 100 Besteigungen und führt Menschen daher sicher. Er bleibt eben nicht unten stehen und gibt nur Anweisungen.

Sind Sie zu der Entscheidung gelangt, dass diese Strategie Ihre Finanzen positiv beeinflussen kann, stehe ich Ihnen gerne bei der Umsetzung bei. Selbstverständlich ist diese Hilfe nicht kostenlos, doch rechnen sich Honorare wie diese meist schon im ersten Jahr durch die Steuerersparnis in der Gründungsphase. Um Ihre Bedürfnisse bestmöglich und kostengünstig befriedigen zu können, habe ich standardisierte Pakete geschnürt (Bronze, Silber und Gold), die sich an der Situation von Freiberuflern, kleineren und mittleren Unternehmen orientieren. Bei Vorliegen der erforderlichen Steuerbescheide, Planungen und Ziele ist es damit möglich, sehr schnell eine erste Diagnose zu stellen. Auf deren Grundlage und mit Ihren Vorgaben implementieren wir die Strategie innerhalb von drei bis zwölf Monaten. Die Kosten und der Zeitrahmen dafür bemessen sich am Aufwand, der zu leisten ist. Selbstverständlich ist es sehr viel einfacher, einen Einzelunternehmer zu beraten, als eine bereits bestehende, komplexe Unternehmensstruktur umzugestalten.

!

Der Weg zum eigenen Vermögen führt vor allem über den richtigen Einsatz der geeigneten Mittel. Nur wer alle formalen und steuerlichen Vorgaben peinlich genau einhält, kommt in den Genuss geringerer Steuern und Abgaben. Fachkundige Beratung ist deshalb bei allen Schritten der Umsetzung dringend erforderlich. Die anfallenden Kosten dafür werden meist durch die Steuerersparnis bereits im ersten Jahr kompensiert.

ANZEIGE

Foto: fotolia

Ihre Strategie unsere Erfahrung

Vom Gegner des Steuersystems zum echten Fan!

Nutzen Sie es, lassen Sie es für sich arbeiten. Und lassen Sie vor allem Ihr Geld für Sie arbeiten, statt nur für Ihr Geld zu arbeiten.

Die Lösung: Professionelle Strategieberatung

Wir analysieren Ihren finanziellen ‚Status Quo' – ehrlich, offen und exakt.
Wir entwickeln die für Sie optimale Strategie.
Wir lassen Sie nicht alleine – setzten Sie die Strategie gemeinsam mit uns um.

Der Weg: Transparent und professionell

Wählen Sie das für Sie passende Paket aus und vereinbaren Sie einen Termin mit uns. Ihren Wünschen und Bedürfnissen entsprechend arbeiten wir eine detaillierte Strategie für Sie aus.

Das Ergebnis: Die optimale Strategie für Sie

Sie erhalten ein Modell, welches Sie sofort umsetzen können, um Ihre finanzielle Situation zu optimieren. Eine detaillierten Strategieskizze hilft Ihnen dabei, Ihr Unternehmen neu zu strukturieren und die besten Ergebnisse zu erzielen. Gerne setzen wir die Strategie auch gemeinsam mit Ihnen um!

ERLÄUTERUNGEN

[1] Die Berechnungen in diesem Buch sind als Beispiele zu verstehen und die Ergebnisse können sich je nach individueller Situation und persönlichen Gegebenheiten ändern. Der Beitrag zur Berufsgenossenschaft hängt etwa von der Branche und der Art der Tätigkeit ab und die Lohnsteuer von den persönlichen Merkmalen des Angestellten (Familienstand, Behinderung, eingetragene Freibeträge).

[2] § 8 Absatz 2 Satz 9 EStG.

[3] Bei diesem Beispiel wurde der Sparerfreibetrag nicht berücksichtigt, weil angenommen wurde, dass dieser anderweitig verbraucht wurde.
Mit Berücksichtigung des Sparerfreibetrags ist das Ergebnis immer noch dramatisch, wenn auch etwas abgeschwächter.

[4] Zu dem Ergebnis trägt auch der zusätzliche Zinseffekt bei.

[5] § 23 KStG i.V.m. § 8 Abs. 1 und SolZG

[6] § 5a Absatz 3 GmbHG

[7] Dabei spielt es keine Rolle, ob die Wertpapiere nach der Gründung an Wert verlieren. Es gilt ihr Wert zum Gründungszeitpunkt.

[8] § 34 EStG

[9] § 6 Abs. 2 EStG

[10] § 7i EStG

[11] Dabei ist zu beachten, dass diese Begünstigung nicht gilt, wenn die GmbH

als Finanzinstitut gewertet wird und die Aktien mit dem Ziel einer kurzfristigen Erzielung eines Eigenhandelsgewinns erworben werden, § 8b Abs. 7 KStG

[12] Wenn der Freibetrag von 24.500 Euro überschritten wird, kommt evtl. Gewerbesteuer dazu.

[13] Umkehrschluss aus § 23 Abs. 1 Ziffer 1 EStG

[14] Wichtig ist hier die Ausgestaltung der Firmenkonstruktion, insbesondere muss eine gewerbliche Prägung nach § 15 Abs. 3 Ziffer 2 EStG vermieden werden.

[15] Das EStG regelt unter § 3, Ziffer 40 in einem verklausulierten Satz, dass 40 Prozent der Einkünfte steuerfrei bleiben, wenn man maßgeblich an der Kapitalgesellschaft beteiligt ist. Diese Regel gilt also für Mehrheitsgesellschafter an einer GmbH, aber nicht für Kleinaktionäre beispielsweise.

[16] § 16 ErbStG

[17] Vorausgesetzt das gesamte Vermögen ist während der Ehe entstanden, das Anfangsvermögen der Eheleute war also bei der Eheschließung Null.

[18] Verfolgt eine Stiftung ausschließlich und unmittelbar gemeinnützige Zwecke, kann sie in den Genuss der Steuerbegünstigungen gemäß der §§ 51 bis 68 der Abgabenordnung kommen. Dazu muss der Stifter die Stiftungssatzung beim zuständigen Finanzamt vorlegen und einen Antrag stellen.

LITERATURVERZEICHNIS

In der folgenden Liste finden Sie einige empfehlenswerte Bücher. Diese haben mich inspiriert und persönlich weitergebracht. Viele haben nicht direkt mit dem Thema des Buches im engeren Sinne zu tun, helfen aber demjenigen, der auf dem Weg zu Wohlstand und Reichtum weiterkommen möchte. Einige Werke liegen nur in englischer Sprache vor, viele davon gibt es aber auch bereits in deutscher Übersetzung.

Asgodom, Sabine

Eigenlob stimmt: Erfolg durch Selbst-PR

Econ | 2009 | TB | 180 Seiten | ISBN 978-3430110860 | ca. 14,90 €

Sabine Asgodom versteht es wie keine andere, das Beste aus Ihnen herauszuholen und Sie zu ermutigen, Ihren Weg zu gehen. Warum soll man sich selbst klein machen? Dieses Buch hat mich inspiriert und steht für viele andere Bücher von Sabine Asgodom, die es wert sind, gelesen zu werden.

Bäcker, Roland M.; Prühs, Hagen

GmbH-Geschäftsführer: ABC der Haftungsrisiken: Die 100 größten Haftungsrisiken für Geschäftsführer – und wie man sie vermeiden kann

Vsrw | 2006 | TB | 203 Seiten | ISBN 978-3936623000 | ca. 25,90 €

Wer die Strategien dieses Buches umsetzt, wird zum GmbH-Inhaber und -Geschäftsführer. Diese Rollen sind relativ risikolos, solange man sich an die Regeln hält. Wo trotzdem Vorsicht geboten ist, steht in diesem Buch. Alles Nötige über Haftungsrisiken erfahren Sie auch in meinen Seminaren für GmbH-Geschäftsführer.

Covey, Stephen R.

Die 7 Wege zur Effektivität: Prinzipien für persönlichen und beruflichen Erfolg

Gabal | 2012 | Geb. Ausgabe | 350 Seiten | ISBN 978-3897495739 | ca. 24,90 €

Als einer der ersten Autoren hat Covey die Erfolgsliteratur der letzten Jahrzehnte analysiert, er wollte herausfinden, welcher rote Faden sich durch die vielen Bücher über Erfolg zieht. Seine sieben Wege sind eigentlich sieben Angewohnheiten, die erfolgreiche Menschen überwiegend besitzen. Gewöhnen auch Sie sich an, Erfolg zu haben.

Dominguez, Joe; Robin, Vicki; Tilford, Monique

Your Money or Your Life: 9 Steps to Transforming Your Relationship with Money and Achieving Financial Independence – Revised and Updated for the 21st Century

Penguin Books | 2008 | TB | 368 Seiten | ASIN B0068H0ELY | ca. 21,00 €

Die Einstellung zu Reichtum und Geld stellt eine wesentliche Voraussetzung dafür dar, um erfolgreich zu sein. Die Autoren bieten ihre Sicht der Dinge an, wie sich das Verhältnis zum Geld verbessern lässt.

Ellsberg, Michael

The Education of Millionaires: Everything You Won't Learn in College About How to Be Successful

Portfolio Trade | 2012 | TB | 288 Seiten | ISBN 978-1591845614 | ca. 11,40 €

Welche Ausbildung haben Millionäre? Was wissen sie, was andere nicht wissen? Es ist nicht das, was Sie denken! Sie werden erstaunt sein, auf welche Ergebnisse Michael Elsberg gekommen ist.

Farrell, Paul B.

The Learning Annex Presents the Millionaire Code: A Smarter Approach to Making Millions

John Wiley & Sons, Inc. | 2005 | TB | 258 Seiten | ASIN B009QSG3C6 | ca. 17,00 €

Der Millionaire Code ist ein System aus 16 Persönlichkeitsmerkmalen. Jedes dieser Merkmale induziert eine andere Art reich zu werden. Kommen Sie seit Jahren nicht weiter? Vielleicht passt Ihr Ansatz nicht zu Ihrer Persönlichkeit. Ändern Sie die Strategie und vielleicht ändern sich die Ergebnisse sehr schnell.

Ferriss, Timothy

The 4-Hour Workweek: Escape 9-5, Live Anywhere, and Join the New Rich

Crown Publishing Group | 2009 | Geb. Ausgabe | 320 Seiten | ASIN B0062H7TZ4 | ca. 24,00 €

Feriss will uns davon überzeugen, dass vier Stunden Arbeit pro Woche genug sind. Er gibt durchaus interessante Tipps, wie man sich auf das Wesentliche konzentriert und damit viel mehr Zeit zur Verfügung hat. Was mache ich aber mit der freien Zeit? Richtig: Was ich will. Und was will ich? Ja, ich arbeite gerne und wende daher sehr viel mehr Zeit auf für meine Arbeit. Nicht weil ich muss – ich würde auch mit vier Stunden Arbeit pro Woche nicht verhungern. Aber die Arbeit selbst ist mein größtes Vergnügen. Trotzdem ein sehr lesenswertes Buch für alle, die ihre Effektivität erhöhen wollen. Eine Umfrage bei meinen Mandanten hat allerdings ergeben: Vier Stunden pro Woche hat keiner umgesetzt.

Gratzon, Fred

The Lazy Way to Success: Ohne Anstrengung ALLES erreichen

Kamphausen | 2004 | TB | 220 Seiten | ISBN 978-3933496812 | ca. 20,00 €

Manche strengen sich sehr an, andere weniger. Warum erreicht manch anderer trotzdem mehr? Der alte Spruch, „dem Geld muss man entgegengehen, nicht nachlaufen“, wird hier auf amüsante Weise umgesetzt und mit vielen Beispielen und Illustrationen untermauert. Ein nettes Lesevergnügen.

Griesel, Carmen; Mertes, Jürgen; Riedel, Christopher

Die Besteuerung komplexer Kapitalanlagen in der Vermögensanlage und -nachfolge

Bank-Verlag Köln | 2007 | Brochiert | 340 Seiten | ISBN 978-3935079495 | ca. 15,00 €

Ein Fachbuch für alle, die es genau wissen wollen. Trockener Stoff für diejenigen, die tiefer ins Steuerrecht der Kapitalanlagen einsteigen wollen. Aufgrund der ständigen Gesetzesänderungen ist es erforderlich, jeweils die neueste Auflage zu erwischen.

Hanel, Walter; Schmidt, Hans Martin

Steuerberater steuern Steuern anders

Otto Schmidt | 1997 | Geb. Ausgabe | 106 Seiten | ISBN 978-3504018993 | ca. 22,00 €

Ein witziges Buch mit Beispielen, wie Steuerberater Steuern steuern. Etwas zum Schmunzeln mit einem ernsten Hintergrund.

Hansmann, Walter

Mut zum Reichtum

Ullstein | 1994 | TB | ISBN 978-3548354545

Fehlt Ihnen zum Reichtum nur der Mut – dann ist dieses Buch genau richtig für Sie. Viele Menschen planen viel zu kurz und unterschätzen, was sie in langen Zeiträumen erreichen können. Und selbst nach einem Fehler gilt: Aufstehen und etwas anderes machen (nur nicht denselben Fehler).

Harv Eker, T.

Secrets of the Millionaire Mind: Mastering the Inner Game of Wealth

HarperBusiness | 2005 | Geb. Ausgabe | 224 Seiten | ASIN B0032JER78 | ca. 30,00 €

Wie denken Millionäre? Stellen Sie Ihren finanziellen Heizkörperthermostat auf höheren Reichtum ein. Überwinden Sie die Blockaden, die Sie zurückhalten. Lernen Sie zu denken wie die Reichen und auch Sie werden bessere Ergebnisse erzielen. Was hat Ihr Kontostand mit Ihrem Denken zu tun? Alles, sagt T. Harv Eker. Eker lehrt was er selbst erlebt und erreicht hat.

Hill, Napoleon

Think and Grow Rich
Denke nach und werde reich: Die 13 Gesetze des Erfolgs

Ariston | 2006 | Geb. Ausgabe | 272 Seiten | ISBN 978-3720527408 | ca. 22,00 €

Das Standardwerk für den Zusammenhang zwischen Denken und Reichtum. Das Buch kam bereits 1937 heraus und wurde über 70 Millionen Mal verkauft. Der Text des Buches findet sich auch im Internet. Deutscher Titel: „Denke nach und werde Reich“. Hills Werk ist eines der wichtigsten der „alten“ Bücher über Geld und Reichtum.

Jula, Rocco

Der Gmbh-Geschäftsführer: Rechte und Pflichten, Anstellung, Vergütung und Versorgung, Haftung und Strafbarkeit

Springer | 2012 | Geb. Ausgabe | 425 Seiten | ISBN 978-3642309250 | ca. 69,95 €

Dieser dicke Band behandelt das rechtliche Wissen für GmbH-Geschäftsführer. Rocco erläutert auch die notwendigen Verträge, Versicherungen und Vereinbarungen. Ein umfassender Überblick übersichtlich gestaltet. Die neue Auflage berücksichtigt die neuere Rechtsentwicklung.

Kiyosaki, Robert T.

Rich Dad, Poor Dad: Was die Reichen ihren Kindern über Geld beibringen

Arkana | 2006 | TB | 288 Seiten | ISBN 978-3442217786 | ca. 12,50 €

Kiyosakis Buch kam in den USA unter dem Titel „Rich Dad, Poor Dad" 1997 heraus und wurde weltweit zigmillionen Mal verkauft. In dem Buch beschreibt der Amerikaner seine persönliche Geschichte, wie er mit zwei unterschiedlichen Glaubenssystemen aufwuchs und wie er damit zurechtkam. Viele Ideen haben auch mich beeinflusst und inspiriert. Das Buch beschreibt wichtige Ansichten über Geld und Vermögen in sehr einfachen Worten, die jeder verstehen kann.

Kiyosaki, Robert T

Cashflow Quadrant

FinanzBuch Verlag | 2010 | Geb. Ausgabe | 334 Seiten | ISBN 978-3898795913 | ca. 24,95 €

Der zweite Teil von „Rich Dad Poor Dad" erläutert die Grundlagen, warum für Angestellte in Bezug auf Einkommen, Steuern und Wohlstand andere Regeln gelten als für Unternehmer und für Investoren. Warum arbeiten manche Menschen weniger, verdienen mehr und zahlen sogar weniger Steuern? Und es sind nicht immer die mit dem höchsten Bildungsabschluss.

Kiyosaki, Robert T.

Unfair Advantage

Plata Publishing | 2011 | TB | 176 Seiten | ASIN B0053UWNVQ | ca. 20,00 €

Der unlautere Wettbewerbsvorteil besteht in der finanziellen Bildung – was die einen wissen und die anderen nicht. Das Wissen ist eigentlich für jeden verfügbar, aus vielerlei Gründen schaffen es nur Wenige, das Wissen auch anzuwenden.

Kiyosaki, Robert T.; Lechter, Sharon L.

Reichtum kann man lernen. Was Millionäre schon als Kinder wussten

Redline | 2002 | Geb. Ausgabe | 240 Seiten | ISBN 978-3478744430

Ein weiteres Werk aus Kiyosakis Schreibstube mit wertvollen Tipps.

Klöckner, Bernd W.

Die Magie des Erfolges: Ihr Weg zu persönlichem und finanziellem Reichtum und Wohlstand

Goldmann | 2001 | TB | 218 Seiten | ISBN 978-3442163304 | ca. 10,00 €

Klöckner erklärt den mathematischen Zusammenhang zwischen Sparen und Vermögen. Haben Sie schon einmal die Zahlen in einem Kreditvertrag überprüft? Oder die wirkliche Rendite einer Geldanlage ausgerechnet? Sie werden überrascht sein, wie Sie auf ganz andere Ergebnisse kommen, als Ihnen die Prospekte und die Berechnungen der Verkäufer versprechen. Rechnen Sie selbst. Wie es geht, zeigt Ihnen Bernd W. Klöckner.

Langemeier, Loral

The Millionaire Maker: Act, Think, and Make Money the Way the Wealthy Do

McGraw-Hill | 2005 | Geb. Ausgabe | 240 Seiten | ISBN 978-0071466158 | ca. 20,00 €

Für amerikanische Verhältnisse geschrieben, aber auch hier teilweise anwendbar. Das Buch enthält einige gute Ideen dafür, wie man sein Einkommen und seine Firma strukturiert.

Lelord, Francois

Hectors Reise. Oder die Suche nach dem Glück

Piper | 2006 | TB | 192 Seiten | ISBN 978-3492248280 | ca. 8,99 €

Hector ist Psychoanalytiker. Er ist sehr beliebt, weil er sich wirklich für seine Klienten interessiert. Das zeichnet auch einen guten Steuerberater aus, deshalb war Hector mein Vorbild. Er sucht das Glück und findet es dort, wo er es gar nicht vermutet hätte.

Murphy, Joseph

Die Macht Ihres Unterbewusstseins. Das Buch der inneren und äußeren Entfaltung

Ariston | 2009 | Geb. Ausgabe | 287 Seiten | ISBN 978-3424200225 | ca. 22,00 €

Murphy, Joseph

Die unendliche Quelle Ihrer Kraft: Ein Schlüsselbuch des positiven Denkens

Goldmann | 2005 | TB | 224 Seiten | ISBN 978-3442217274 | ca. 6,00 €

Diese Bücher sind einige der Vertreter des „positiven Denkens". Sie beschreiben, wie das Unterbewusstsein das Bewusstsein und damit die Wahrnehmung der Welt steuert. Aber auch das Bewusstsein kann das Unterbewusstsein beeinflussen, was oft verkannt wird. Die Macht des Unterbewusstseins ist in über 60 Auflagen bis heute ein Bestseller.

Needleman, Jacob

Money & The Meaning Of Life

Crown Business | 1994 | TB | 321 Seiten | ASIN B005HND6QU | ca. 22,00 €

Der amerikanische Philosoph legt seine Sicht der Bedeutung des Geldes dar.

Ott, Ursula

Total besteuert: Wie ich einmal ganz alleine den Staatshaushalt retten sollte

Deutscher Taschenbuch Verlag | 2010 | TB | 160 Seiten | ISBN 978-3423345972 | ca. 7,90 €

Mal was Lustiges zum Thema Steuern. Witzig geschriebene Anekdoten.

Petersdorff, Winand von

Das Geld reicht nie: Warum T-Shirts billig, Handys umsonst und Popstars reich sind: Ein Wirtschaftsbuch für Jugendliche

Frankfurter Allgemeine Buch | 2012 | Geb. Ausgabe | 176 Seiten | ISBN 978-3899812985

Ein Buch nicht nur für Jugendliche. Es erklärt Wirtschaft so, wie man es in der Schule nicht lernt. Deshalb so wichtig.

Riße, Stefan

Die Inflation kommt! Die besten Strategien, sich davor zu schützen

FinanzBuch Verlag | 2010 | Geb. Ausgabe | 293 Seiten | ISBN 978-3898795043 | ca. 19,90 €

Ja, die Inflation kommt. Wahrscheinlich wundert sich Stefan Riße, warum es schon so lange dauert. Heute (2013) dürfte es aber schneller gehen als zum Erscheinungsdatum des Buches 2009.

Robbins, Anthony

Awaken the giant within – how to take immediate control of your mental, emotional, physical & financial destiny!

Pocket Books | 1991 | TB | 539 Seiten | ASIN B000GRR1AY

Robbins, Anthony

Grenzenlose Energie, das Powerprinzip. Wie Sie Ihre persönlichen Schwächen in positive Energie verwandeln.

Allegria Taschenbuch | 2004 | TB | 490 Seiten | ISBN 978-3548742274 | ca. 14,95 €

Robbins erklärt wie man seine eigenen Kräfte in Schwung bringt, um sehr viel zu erreichen. Ein gutes Anwendungsbuch für NLP (neurolinguistisches Programmieren). Sehr amerikanisch geschrieben.

Clason, George Samuel

Der reichste Mann von Babylon: Erfolgsgeheimnisse der Antike – Der erste Schritt in die finanzielle Freiheit

Goldmann | 2002 | TB | 208 Seiten | ISBN 978-3442163830 | ca. 9,00 €

Im Kontext der Antike erklärt Clason wichtige Gesetze über Reichtum und wirtschaftliche Zusammenhänge in Form einer Parabel. Der Inhalt regt noch heute zum Nachdenken an.

Stanley, Thomas J.

The Millionaire Mind

Andrews McMeel Publishing | 2001 | TB | 411 Seiten | ASIN B009QSEJKE | ca. 20,00 €

Stanley, Thomas J.

The Millionaire Next Door: Surprising Secrets of America's Wealthy

Taylor Trade Publishing | 2010 | TB | 272 Seiten | ASIN B005O7043M | ca. 20,00 €

In seinen Büchern hat Stanley die Reichen interviewt und sie vieles gefragt: wie sie zu Reichtum gekommen sind, wie sie leben und so weiter. Herausgefunden hat er, dass unsere Vorstellungen von den Reichen oft nicht stimmen. Wir können viel von ihnen lernen.

Taleb, Nassim Nicholas

Der Schwarze Schwan: Die Macht höchst unwahrscheinlicher Ereignisse.

Deutscher Taschenbuch Verlag | 2010 | TB | 464 Seiten | ISBN 978-3423345965 | ca. 12,90 €

Ein schwarzer Schwan ist ein äußerst unwahrscheinliches Ereignis, mit dem keiner gerechnet hat. Bevor der erste schwarze Schwan auftauchte, waren alle Schwäne weiß. Es ist wichtig, auch mit nicht vorhersehbaren Ereignissen zu rechnen – die Welt ist eben unberechenbar. Und wenn eines dieser unwahrscheinlichen Ereignisse eintritt, sollten wir nicht überrascht sein (oder pleite!).

Tipke, Klaus; Lang, Joachim; Seer, Roman

Steuerrecht

Otto Schmidt | 2012 | Broschiert | 1.380 Seiten | ISBN 978-3504201463 | ca. 59,80 €

Ein umfassendes Kompendium über das deutsche Steuerrecht. Es behandelt nicht nur den Stand des Steuerrechts, sondern erklärt immer den Zusammenhang um zu verstehen, warum manche Gesetze so sind. Sehr wertvoll, wenn man einen umfassenden Überblick gewinnen will. Leider wird unser Steuerrecht jedes Jahr komplizierter, so dass jede Neuauflage auch im Umfang zunimmt.

Wattles, Wallace D.

The Science of Getting Rich: Die Kunst des Reichwerdens

Knaur TB | 2010 | TB | 144 Seiten | ISBN 978-3426875582 | ca. 8,99 €

Reichwerden als Wissenschaft? Dieses Buch ist vor über hundert Jahren erschienen, wird immer noch gedruckt und gelesen. Der Text des Buches lässt sich im Internet kostenlos abrufen.

Wheelwright, Tom

Tax-Free Wealth: How to Build Massive Wealth by Permanently Lowering Your Taxes

Bzk Press | 2012 | TB | 320 Seiten | ISBN 978-1937832056 | ca. 14,99 €

Dieses Buch beschreibt die Steuer-Strategien zwar aus der amerikanischen Perspektive, ihre Umsetzung funktioniert jedoch in allen Steuersystemen so oder ähnlich. Wheelwright betont die Bedeutung einer guten Planung bei der Gestaltung der steuerlichen Situation und erklärt, warum der Staat möchte, dass wir Steuern sparen.

INDEX

ANZEIGE

Völker-
verständigung
bildet
Die Stiftung „Völkerverständigung bildet“
hat als Ziel die Förderung der internationalen
Verständigung, vor allem von Jugendlichen.
Insbesondere wird dies verwirklicht durch
Stipendienvergabe für Auslandsstudienaufenthalte
von Jugendlichen.
Unterstützen Sie unsere Stiftung und besuchen Sie uns online:
www.stiftung-vvb.org
SPENDENKONTO: COMMERZBANK AG | KTO 102 552 700 | BLZ 380 400 07

Wir lassen Sie nicht
im Dunkeln stehen...
Nutzen Sie unsere Ideen, um Ihre
Steuern ins richtig Licht zu rücken.
Wir freuen uns auf Sie!
www.koeber.de
KÖBER
STEUERBERATUNG
Köber Nürnberg
Steuerberatungsgesellschaft mbH
Innere Kobergerstr. 17
90408 Nürnberg
Tel.: 0911.935 379 330
Fax: 0911.935 379 359
Mail: info@koeber.de